美哉《大学》

刘永发——译著

《大学》到底说了些什么

新华出版社

图书在版编目（CIP）数据

美哉《大学》:《大学》到底说了些什么 / 刘永发译著.
北京：新华出版社，2022.9
ISBN 978-7-5166-6421-6

Ⅰ. ①美… Ⅱ. ①刘… Ⅲ. ①儒家②《大学》—研究
Ⅳ. ① B222.15

中国版本图书馆 CIP 数据核字（2022）第 159956 号

美哉《大学》:《大学》到底说了些什么

译　　著：刘永发

责任编辑：贾允河　　**封面设计：**华兴嘉誉

出版发行：新华出版社
地　　址：北京石景山区京原路 8 号　　**邮　　编：**100040
网　　址：http://www.xinhuapub.com
经　　销：新华书店、新华出版社天猫旗舰店、京东旗舰店及各大网店
购书热线：010-63077122　　**中国新闻书店购书热线：**010-63072012

照　　排：华兴嘉誉
印　　刷：北京明恒达印务有限公司

成品尺寸：148mm × 210mm
印　　张：5.75　　**字　　数：**151 千字
版　　次：2023 年 1 月第一版　　**印　　次：**2023 年 1 月第一次印刷

书　　号：ISBN 978-7-5166-6421-6
定　　价：29.00 元

前言

《大学》是中国古代儒家学说的一部典籍，大约产生于2000多年前的先秦时期，后来被列入十三经，是十三经中《礼记》的一部分。

《大学》产生一千多年后，南宋文化学者大儒朱熹在《大学章句序》中评论说：“《大学》之书，古之大学所以教人之法也。盖自天降生民，则既莫不与之以仁、义、礼、智之性矣。然，其气、质之禀或不能齐；是以，不能皆有以知其性之所有而全之也。一有聪明睿智，能尽其性者出于其间，则天必命之以为亿兆之君师，使之治而教之，以复其性。此伏羲、神农、黄帝、尧、舜。所以，继天，立极；而司徒之职，典、乐之官所由设也。”

翻译成现代文就是说：“《大学》一书，是古代大学所用以对人行教的方法和法则。所有产生于自然当中的国民，则无不要给与以仁、义、礼、智等人的品性。然而，其天生气、质却不能达到这样的要求和标准，或说达到的不同；也就是说，不能都能知其所有品性而达到全面。一旦有聪明睿智的人，能尽知其人的品性者出于其间，则自然必命令其作为自然、人类社会众现象的君师，使其治理而教化之，以便所有人复之人的品性。此就像伏羲、神农、黄帝、尧、舜。所以，人类社会继自然之命令，立人之积极主动作为；而司徒之职位，典籍、乐序之官（教官、教师）由此而设立。”

朱熹在《大学章句序》中接着评论说：“三代之隆，其法浸备。然后，王宫、国都，以及闾巷，莫不有学。人生八岁，则自王公以下，至于庶人之子弟，皆入小学；而教之以洒扫、应对、进退之节，礼乐、射御、书数之文。及其十有五年，自天子之元子、众子，以至公卿、大夫、元士之适子，与凡民之俊秀，皆入大学；而教之以穷理，正心、修己、治人之道。此又学校之教，大小之节，所以分也。”

翻译成现代文就是说：“夏、商、周三代昌明兴隆之时，这种方法得以推行完备。然后，王宫、国都，以及闾巷，都有学校设立。人到八岁，则自王宫以下，以至于普通人的子弟，都进入小学；而教育以劳动、自理生活、应对社会事物、人生进退之节度，社会礼仪礼制、秩序生活、主动作为、防御坏事、书写算数等文化。到了十五岁，则自天子的长子、众子，以至公卿、大夫、元士之适宜子弟，与平民当中的优秀者，都进入大学；而教育以追求自然、人类社会的道理，正人心、修养自己、治理人类社会之道法。这又是学校的教育，大学与小学的节段，所以而划分。”

通过宋代学者大儒朱熹以上这两段话，可以说能给我们带来如下几个信息：

1. 中国在4000多年前的尧、舜时期，就有了对国民进行教育的思想了，当时已经开始设立教官（教师）和学校。

2. 中国在3000多年前的夏、商、周时代，学校的设立已经达到完备。当时的学校教育已经分为小学和大学。

3. 2000多年前所著的《大学》一书，则是古人专门阐释大学对人行教的方法和法则。

纵观中国历史和世界历史，通过朱熹以上这两段话便可让我们看到：中华传统文化、古代文化，以及社会管理体制，还真就是源远流长，还真就是了不起，我们还真要为我们中华传统文化、古代文化点个赞了，还真值得我们去好好学习和诵读一下了。

鉴古，可以知今。我们可以通过对《大学》一书的诵读，对现今的大学教育起到一定的借鉴作用。

那么，古代《大学》一书，对大学教育的方法和法则是如何讲的呢？

由于2000多年前的古书语言精练，言简意赅，再加上2000多年来的语文变迁，所以艰涩难懂。多年来，作者立志于对《大学》一书和其他一些中华传统文化典籍进行研读、注解，对中国古代典籍有了一些自己的见解，并形成了一套自己的解读中国古代典籍的思维方式和方法，同时利用这些方式和方法对《大学》一书进行了解读。所以，形成此《美哉〈大学〉》一书。

古代的《大学》一书，不仅思想内容丰厚，展示了中华传统文化的博大精深，而且语言文字流畅，逻辑严密，是一本非常美的书。所以，取名为《美哉〈大学〉》。

作者希望这点小小的劳动，能为中华传统文化的传承、阐释做出一点贡献。

由于作者水平有限，错误之处在所难免，希望前辈们提出宝贵意见。

刘永发

目录

第一章

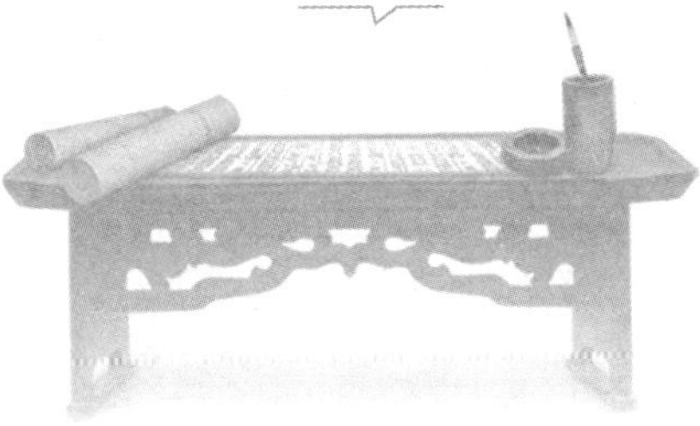

【原文】

dà xué zhī dào　zài míngmíng dé　zài qīn mín
大学之道，在明明德；在亲民；
zài zhǐ yú zhì shàn
在止于至善。

【译文】

大学的道路、道法，就在于使人能够明白，明确、正确的德；就在于使人能够亲近人民；就在于使人的行动、行为能够止于对自然时空、人类社会的正确认知，以达到与自然时空、人类社会至善（合作、和谐、友好、共赢）的生存。

【注释】

道："道"字由首、辶组成。"首"指人或说动物的头部；"辶"部一般认为与走路有关。它俩加在一起的意思就可理解为：头部在走路。当然，我们都知道，头部是不会走路的。其实，此字古人想表达的是人或动物对事物的认知过程及其后续产品。这个过程包括对事物的看、听、思，以及所获得的事物的运行规律、道路。"道"一般可解为"道路"。但古人所说的这个"道路"已不是仅仅指人、车、马所行的普通道路，而是指所有事物运行的道路。古人认为：我们生存的这个世界是时空的，是一种时空运行，当然也包括人在内，但这个时空是有序运行的，不是乱行的，这就有它运行的道路，有它自身运行的轨迹、规律。对于主动生存作为的人来说，当然也就要有道法、办法。道，用现在的说法就是指人和事物的运行规律、道路，以及人主动正确思想、行为、作为的道法，当然也包括人对事物的识知、认知过程；它体现的是人的识知、认知，获得事物的运行规律，从而正确思想、行为、作为，这样一个整体时空过程。"道"是先秦古人对自然时空和人类社会时空所思想、所认知的一个大概念、一个哲学概念，也是一个重要概念。我们现在可以去想象，如果人对自然时空和人类社会时空没有认知，没有认识到他们的运行规律、道路，会有人后面的一切吗？答案一定是否定的。

德："德"字由人、十、四、一、心构成，表意为人类生存作为四面出击，要尊一心（认知、知识）。"德"音又同"得"。由此，"德"就可基本理解为：人类生存做人的思想识知所得，也是知识所得。但古人所说的这个"德"不仅仅是指人的思想所得、知识所得，它还包括其后人类生存做人过程中的正确思想、行为、作为，及其品质、能力这个整体时空，后来被人们称为德品。在这里，我想阐明一下。

我们都知道，中华古字是一种象形文字，形画之中都有意义的表达，反过来我们也可以通过看它的形画来部分猜测出它的意义，我把它称为形解。中华古词也有它的规律性，就是同音即近意，我们可以通过听它的音也可以部分猜测出它的意义，我把它称为音解。关于这一点，我在《〈论语〉到底说了些什么》中也做了详细论述。我通过多年对古人"道、德"概念的研究发现，其实，古人所说的"德"应该包括或说可分为人类社会和自然时空两大方面的内容。也就是人类社会之知识、之思想、之正确行为作为，以及自然时空之知识、之思想、之正确行为作为两大部分。其实，人类社会之德也是自然时空之德的一部分，因为人类社会也是产生于自然时空，也是自然时空的一部分。但我们人类要谈、要研究我们人类自己的问题，就不能不把人类社会之德单独、重点提出来列为一项，所以也就产生了人类社会之德和自然时空之德两大部分之分。这也是自古以来众多思想家习惯的思维和分析。我们现在所说的社会科学和自然科学，其实也是这样划分的。人类社会之德也是自然时空之德当中的首要之德，因为如果没有人类社会之德，我们人类就处理不好自己的问题。处理不好人与人之间的关系，又何谈自然时空之德呢？所以，现在也有一种现象，就是现代人们一般一谈到“德”这个字，多数就侧重认为是指人类社会之德，是指人与人之间的关系，而忽略了自然时空之德这一部分概念。但先秦古人所思考、所创造的“德”概念，当然主要是指人类社会之德，但也包括自然时空之德。其实，人类社会之德和自然时空之德都是人必须要具备的，这就是现代人们所说的德才兼备的问题。“德”也是古人对事物所思想、所认知的一个大概念。古人认为：人没有知识、没有德，也同样没有人的一切。

对古人"道、德"这两个概念的确立，也可以这样理解，古人认为：世界有道，得道为德。"道、德"这两个概念，也可以说是人类两个重要、首要概念了。

止：这里的止，就是指人在时空中要止于道路、轨道，止于正确，不能乱为、乱行。

善："善"这个概念、这个词，自古就有。不仅存在于中国，而且存在于世界人民的思想中。我们都知道，真、善、美是世界多个文明所追求的目标。"善"字由羊、口等组成。它应该是古人对羊群的合作、交流感悟所造的此字。我们都知道，一只羊的力量是弱小的，而羊群交流合作的力量则是强大的。羊群，可以说是最具合作思想、合作美德的生命群体之一，也可以说是除了人类以外所有生命群体合作、和谐、友好、共赢生存的典范了。有人也许会认为：羊群有合作、交流吗？关于这一点，我想大家可以去问动物专家。但我们都知道，任何动物群都是有语言的，只是我们听不懂而已。古人所说的"善"，其实就是指人与所有事物，包括与人类社会，也包括与自然时空，合作、和谐、友好、共赢生存的时空状态。其实，古人此时已经认识到：人就是自然时空和人类社会时空当中的有限产物，与自然时空和人类社会时空是一体的，是不可分割的，即后来人们所说的天人合一。古人认为：有限的人只有与人类社会，也包括与自然时空合作、和谐、友好、共赢地生存了，才是最佳的状态和最好的结果。所以，后来“善”字也就有了最佳结果的意思。

【评析】

《大学》此章，主要是阐释了大学教育的总体目的、目标。

《大学》与现代社会和现代大学教育的关系

《大学》这部书，它产生在2000多年前的古代中国。朱熹在《大学章句序》中说，它是讲述大学对人行教的方法和法则的。有人也许会认为：2000多年前的书对我们现代社会有意义吗？其实，人类文化、文明，是不断创造、积累、传承、发展、进步的。2000多年对我们几百万年的人类历史来讲也只不过是一瞬间，况且我们现代所用的语言文字就是那个时代发明的。语言、文字的水平一般也代表着人们思想的水平，这也能让我们看到当时人们思想的先进性。人类的文化是一个整体过程、整体时空，它就像一个人的身体一样是不可分割的。所以才有人说，鉴古可以知今。其实，《大学》这部书其思想内容也是非常丰厚的。它就如同《论语》《老子》《周易》等中华传统文化典籍一样，都是中华传统文化的瑰宝，也是世界文化的瑰宝。也是需要我们现代人去学习、继承，以至去创新、发展、进步的。

《大学》此开章，2000 多年前的古人阐释了大学教育的总体目标，也可以说是古人办大学的初心。那么，人类什么时候才有了大学呢？800 年前的朱熹在《大学章句序》中讲到了，就是夏、商、周三代之时，距今大约有 3000 多年了。要说起人类为什么要想起办大学呢？800 年前的朱熹也做出了他的回答，就是人类要有仁、义、礼、智之性。这也可以说是朱熹认为的办大学的初心。但我们也会看到，不管是 800 年前的朱熹，还是 2000 多年前《大学》的作者，古人其实都是认识到一个道理，就是人类社会要正确运行、人们要正确做人，人是要走人道的，也是有人道的。人道，其实主要就是指人类社会之道，也就是人类社会合作生存、幸福生存之道路。从现代科学去看，人类是群居的，是高度社会性的。这就与古人的思想有不谋而合之处。不谋而合，就是指没有经过商量自然而合。其实，这些道理也是人类社会一些基本的道理，人类很多时候都是要涉及接触的，包括现代社会，也包括先秦时代。其实，在先秦时代，甚至说更早，中国古人就已经在思考人类社会这些问题了。所以，也才产生了《大学》这部书。这也是大学产生的根源之所在。

《大学》此开章，古人说到："大学之道，在明明德；在亲民；在止于至善。"古人在这里提出了大学教育，首先要明明德。明明德，就是要让人们明白，明确、正确的德。那么，到底什么是"德"呢？我们现代社会也经常强调道德建设，这也是缠绕我们现代人们身边的一个重要问题。如果不把这个问题弄清楚，那么我们在建设道德、执行道德的过程中可能就会走弯路。"德"这个概念，自古就有，并一直沿用至今。"德"这个概念，我在《〈论语〉到底说了些什么》中已经有所论述，在此书中也做了阐释。在这里，我认为有必要再结合现代社会去进一步地讨论一下。德，就是指人类知识之得，也是正确行为之得、之德。在《大学》作者看来，让人明明德是大学教育的第一目标，也是第一初心。"德"包括自然时空之德和人类社会时空之德。自然时空之德，就是指人对自然世界的识知、知识和正确行为德品；人类社会之德，就是指人对人类社会的识知、知识和正确行为德品。我们现在大学里面所学的自然时空之德，比如说像各种自然知识，物理、化学、天文、地理，各门自然科学等等，现在也叫自然科学知识；人类社会之德，比如说像语言、文学、艺术、法律、人文、政治、思想品德等等，现在也叫社会科学知识。我在前面也说过，其实人类社会之德也是自然时空之德的一部分。但人类社会之德，也是我们人类最根本、最重要的德品。我们会看到，现代社会由于对物质生活的追求和经济发展的需要，各大学都特别重视自然时空之德；而对人类社会之德，特别是做人的问题、人格的建立等，是有所忽略的。而在先秦时代和后来的古人，也可能是由于当时社会发展阶段的紧迫需要，就特别重视人类社会之德。所以，800 年前的朱熹在《大学章句序》中，提到办大学的初心时，就提到要给人以仁、义、礼、智之性。仁、义、礼、智，我在《〈论语〉到底说了些什么》中也有所阐释，在这里我们就再重复解释一下。仁，就是指人类社会整体思想意识、行为；义，就是指要为人类社会整体、他人去着想做事；礼，就是指要尊重他人，对人有礼，遵守礼制，礼仪、礼制自己；智，就是指知道在人类社会中如何正确生活、艺术生活。古人所说的仁、义、礼、智，都属于人类社会之德。通过以上我们对仁、义、礼、智的解释，我们会看到，其实仁、义、礼、智，也是我们人类自身、人类社会之本，是我们人类社会自身最根本、最重要的德。所以朱熹才特别强调要给人以仁、义、礼、智之性。我们都知道，中国自古就有道、德、仁、义、礼、智、信的学说和思想理论。其实，在中华传统文化中，人类社会思想理论，当然也包括自然时空思想理论，都是非常丰厚的，也是现实的、科学的。他关注的都是人类社会的现实生存问题。我们过去对他的一些阐释是存在着一些偏差和误解的。我想今后，我们应该遵循科学的思维，进行创造性转化、创新性发展，守正出新，力求还原他的真实性、本真性。其实，现代大学的自然时空之德和人类社会时空之德都是需要建设的，缺一不可。所以，2000多年前的古人在《大学》此开章中，首先就说："大学之道，在明明德。"这个"德"是宽泛的、全面的，他包括所有的德。希望我们这些讨论，能对我们现代大学教育带来一些借鉴。

这里我们要注意一个问题：我们现代社会一般习

惯说学知识，而古人则是说学德品。在古人看来，知识在德品之内，德品包括知识。古人所说的德，不仅包括知识，它还包括人其后的正确思想、行为、作为。看来，我们古人的“德”概念所指的更加宽广、深邃。

《大学》此开章第二句，古人说到：“大学之道，在亲民。”亲民，就是指亲近人民，与人民亲近，视人类社会中的人民如亲人、兄弟一样。在古人看来，亲民问题也是人类社会之德的一个重要内容，所以古人在此《大学》开章中论述大学教育的目标时，就把他列在第二位。这就给大学教育明确提出了亲民的目标。从这里我们也会看到，古人此时其实是认识到：亲民问题是人生的问题，也是社会的问题。人类社会作为一个社会合作整体，小家庭、家族的合作亲近一般是做得比较好的，但作为社会发展、国家的成立、现代社会来讲（现代社会也包括先秦时代），社会合作更加紧密，丰富多彩。所以除了小家庭、家族的亲近以外，人类社会人民之间的亲近也就成了问题了，也就应该提上议事日程了。所以，古人在此才提出了亲民的问题。我们现在看来，一个人在人类社会中生存，也只有亲近人民，与人民亲近，视人民为亲人，也才能在人类社会中人与人、人与自然很好地合作生存。现在我们特别强调以人民为中心，把人民当亲人。现代社会，我们也会看到，所有的伟人或说优秀的人都是亲民的。所以，亲民问题是否也应该成为我们现代大学教育的一个目标呢？当然，这些最终目标都是要达到或说要建设人类社会人与人之间，也包括与自然时空之间至善（合作、和谐、友好、共赢）的生存了。我们也会看到，现代我国也正在努力建设和谐美好社会。这一思想目标，其实与我们古人的思想目标也存在着一致性。

第二章

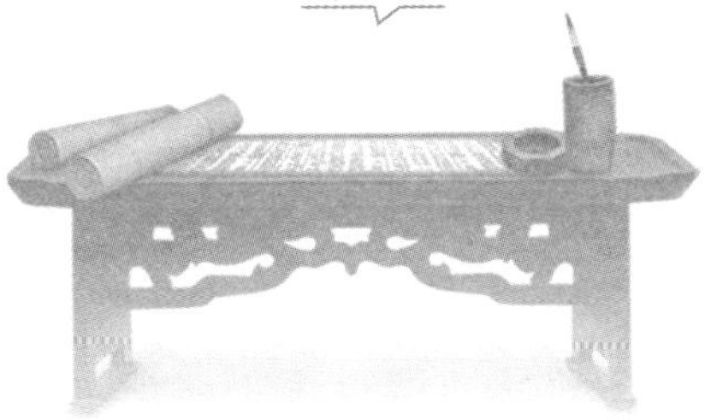

【原文】

zhī zhǐ ér hòu yǒu dìng dìng ér hòu néng
知止，而后有定；定，而后能

jìng jìng ér hòu néng ān ān ér hòu néng lù
静；静，而后能安；安，而后能虑；

lù ér hòu néng dé
虑，而后能得。

【译文】

人的行动知道止，而后才能有稳定；有了稳定，而后才能静下来；静下来，而后才能心安；心安，而后才能有思虑；有思虑，而后才能得到人生知识。

【注释】

定：在这里是指人行动的稳定，不要盲动。我们都知道，人是一种时空动物。但人这种高级动物是有规律运行运作的，是要正确运行运作的。这首先就需要稳定下来，通过识知，该动则动，该静则静。

静：在这里是指人的行动、思想要静下来，不要躁动。

安：指人的心安。

虑：指人的思虑、思考。

得：在这里是指人的心得，也是指识知、知识的获得。

【评析】

《大学》此章主要是阐释了人类识知、获知，当然主要是指获得系统知识的先决条件或说必要环境。古人认为：人的行动知道止，而后才能有稳定；有稳定，而后才能静下来；静下来，而后才能心安；心安，而后才能有思虑；有思虑，而后才能得到人生知识。古人在这里其实还认识到：为了适应人的这种认知特性，就需要设置这种专门的识知、获知环境。所以，学校也就应运而生了，当然也包括大学的设立。

《大学》与现代社会和现代大学教育的关系

《大学》此章，主要是阐释了人类获知，当然主要是获得系统知识的先决条件和必要环境。我们会看到，我们现代大学也特别重视大学的环境建设，比如说让学生住好、吃好，安心学习。但从人类办大学的初衷上，提出来知止、有定、静、安、虑、得的这一系统思想理论，我们现代大学可能还缺乏这方面的教育思想。由此看，这一点，也是值得我们现代大学去借鉴和思考的。

第三章

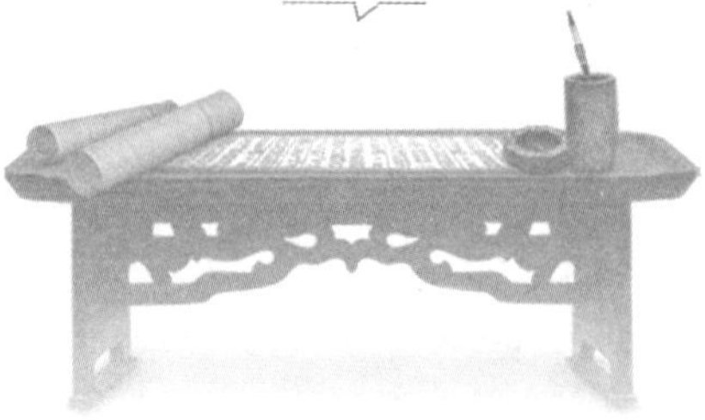

【原文】

wù yǒu běn mò shì yǒu zhōng shǐ zhī suǒ xiān
物有本末，事有终始。知所先
hòu zé jìn dào yǐ
后，则近道矣。

【译文】

物有本有末，事有终有始（所有事物，都是一种时空运行状态、过程，都是在不断运动、进化着）。如果能知道这个事物的先后状态、过程，也就会接近这个事物，也包括人自身的正确道路了（也就能找到他们的正确轨迹、道路、运行规律了）。

【注释】

物：一般指一个时空物体。物有本末，是表现一个时空物体运行组合或说生长状态、过程。

事：一般指某一个时空物体的运行过程。这个过程，称为一件事。

【评析】

《大学》此章认为：任何事物，其实都是一种时空运行过程，也包括人在内。当然，这个过程是复杂的、多变的。如果能知道这个事物的先后状态、过程，也就可以找到这个事物的运行轨迹、道路、规律了。其实，此章还认识到：人类设立大学，也就是要去深入探索、追问、寻找、认知事物的运行过程，及其轨迹、道路、规律。

《大学》与现代社会和现代大学教育的关系

此章会让我们看到，古人认为识知和办大学，就是研究和寻找事物运行的道路、规律，就是要知道事物运行的前后状态、过程。这里我们要注意这句话，就是要知道事物的前后状态、过程。这就从根本上说出了人类识知的本质，或说也包括识知对象的本质。

这种本质，就是事物的时空性、运动性、变化性、道路性、过程性。这也会给我们现代大学教育带来一个启示。我们现代大学教育目前存在一种现象，就是一些人认为，大学就是学习知识，或说就是学习现成的已知的知识，偏重学定理、背定理。这就带来一个问题，就是我们培养出来的很多学生对事物往往知其然，而不知其所以然；知结果，而不知其过程。这可能也是我们现在大学培养出来的一些学生缺少创新能力的其中一个重要原因。从现代社会看，那些创造型的人才是不学死知识的，也是不死学知识的。现代社会，虽然现成的知识、理论很丰富，我们应该学，但往往也有它的固定性、死板性、有条件性、有范围性、相对静止性。所以，现在大学的教育、学习，特别是高科技、研究性大学和专业的教育、学习，除了学习现成的知识、理论、成果以外，也要重视事物的由来、过程，或说更要重视事物的由来过程。应该多讲一些，或说让学生感悟一些事物的由来过程和原理性的东西。多做一些实验，多参与社会和自然实践。都要转变一下教育和学习理念，都应该学一学古人的思想和识知。古人的思想、识知，一般都是初级性的，但往往也有他的根本性和基础性。因为他们每天都在与自然时空打交道，都要解决现实生存问题。2000多年前的老子就曾经说："道可道，非恒道也；名可名，非恒名也。"就是说："道路、规律、道理可以称之为道路、规律、道理，但不是永恒的道路、规律、道理；名子可以称之为名子，但不是永恒的名子。"这就是说，事物是运动的、变化的，这是事物的根；而名子、概念、理论，只是人对它的有限概括或说相对静止概括。中国现代哲学也认为：世界是物质的，物质是运动的。由此看来，我们现代大学教育、教学，也时刻不能忘记事物运动、变化的这个根、这个本。不能有了茂盛的枝叶，就忘了根。忘了根，枝叶也是会枯萎的。大学就要看到事物的时空性、运动性、变化性；就要时刻去思想、去关注事物的由来和运行过程。有了这个过程思路，我们就会全过程地思考问题，全过程地解决问题。这往往也是解决时空问题，特别是新时空问题的必然思想基础和条件。

第四章

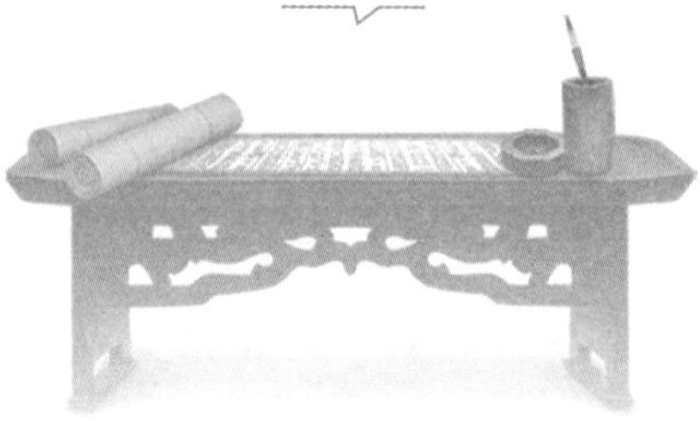

【原文】

古之，欲明明德于天下者，先治其国；欲治其国者，先齐其家；欲齐其家者，先修其身；欲修其身者，先正其心；欲正其心者，先诚其意；欲诚其意者，先致其知；致知，在格物。

【译文】

自古以来，人们欲想使人明白获得正确的德这一人类事业推行于天下（人类社会），就要先立治、治理他的国家；欲想立治、治理他的国家，就要先要使他的家庭、家族、某集体齐于正确；欲想使他的家庭、家族、某集体齐于正确，就要先修一个人自身（这个个体、单体、身体）的正确德品；欲想修一个人自身（这个个体、单体、身体）的正确德品，就要先正一个人的心、思想；欲想正一个人的心、思想，就要先诚实一个人的人生意向、意愿；欲想诚实一个人的人生意向、意愿，就要先作为、获得知识；作为、获得知识，就在于分析、分辨事物。

【注释】

天下：指天底下的这个时空。因为天底下的这个时空是由人类主导的，所以，天下一词也是指人类社会，或说人类社会这个整体。

国：指国家。

家：指家庭、家族等。“家”这个词，我在《〈论语〉到底说了些什么》中已做了详细解读。“家”这个字，其实是来源于一个社会合作集体之意，也就是说是指一个社会合作集体。其实，国也是一个社会合作集体，目前来讲可以说是一个最大的、组织性最强的社会合作集体，所以也称它为国家。家有大家和小家。小到家庭、家族、某集体，大到集团和国家。在这里，古人所说的这个“家”主要是指家庭、家族或说某集体。

齐家：齐家，就是指使一个家或说集体齐于正确。对人类社会来讲，最重要的就是使社会群居的成员都要合作起来、都要正确行为作为起来。当然最终是要达到合作、幸福的生存。齐家，其实是人类社会形成的过程，也是根本。

身：指人自身这个身体、个体或说单体。当然古人在这里主要是指人这个身体、个体、单体的思想、行为、作为，而不是仅指人这个肉身。

心：指人的心想、思想。

诚：在这里指诚实、真诚。

意：指人的人生意向、意愿、方向、目标。诚其意，就是指诚实人的人生意愿。

知：指人的识知、认知过程，也指知识。致知，就是指去识知和获取知识。

格物：格与隔同音，格有融断、分类、分档之意。

把事物隔断了、分类了，所谓一是一，二是二。这就是格物之意。格物也可以理解为：分析分辨事物。从现代科学看，分析分辨事物，也是人类认知的基础。这一点与古人也有不谋而合之处。

【评析】

《大学》此章主要是阐释了人学格物、致知，是人类一切作为的基础。从此章也可以让我们看到，古人当时其实已经认识到：整个人类社会要想正确运行，前进进步，获得美好生存，就要使人类社会中所有的人们都要有知识，并按正确知识去正确思想、行为、作为，就要有德品；就要将人类之知识、之德品推行于天下（人类社会）。从此点，也可以让我们看到，我们古人当时的思想视野是非常宽阔的、深邃的。他是从整个人类社会整体的角度上、广度上去观察思考人类问题的。其实，古人此时也是认识到，人类这个有知生命体（知行体）的根本特性，就是他的知识性、知行性。所以说，识知、知行也是人类或说高级生命的根本之根本，是人类一切主动行为作为的基础，也是人类一切活动的基础。可以看出，这一点古人是很清楚的。古人在此章中还说到，要想将人类之知识、之德品推行于天下（人类社会），就要先立国、治国；而要治国，就要先齐家；要齐家，就要先修身；要修身，就要先正心；要正心，就要先诚意；要诚意，就要先致知；而致知，就在格物。古人在这里，其实也是为我们思想、展示，或说设想、设计了，整个人类格物、致知、诚意、正心、修身、齐家、治国、推行知识于天下的这样一个系统思路、过程。其实，古人此时还应该思想到：而要格物、致知、诚意、正心、修身，以至达到齐家、治国、推行知识于天下，当然大学也是最好的地方或说起点了。

《大学》与现代社会和现代大学教育的关系

从此章可让我们看到，古人此章也是阐释了大学格物、致知、诚意、正心、修身与人类社会齐家、治国的关系。这种关系，是相互联系，相辅相成的。我们现在去看，古人对这种关系的阐释也是很精到的、深刻的。

第五章

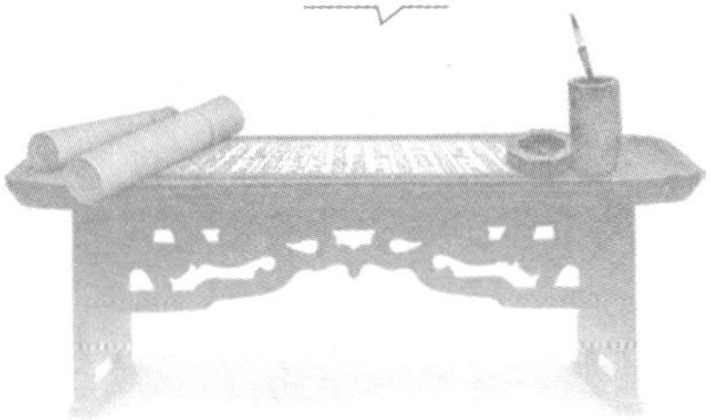

【原文】

wù gé ér hòu zhī zhì zhī zhì ér hòu yì
物格，而后知至；知至，而后意
chéng yì chéng ér hòu xīn zhèng xīn zhèng ér
诚；意诚，而后心正；心正，而
hòu shēn xiū shēn xiū ér hòu jiā qí jiā qí
后身修；身修，而后家齐；家齐，
ér hòu guó zhì guó zhì ér hòu tiān xià píng
而后国治；国治，而后天下平。

【译文】

事物分析、分辨明白了，而后人的知识就能获得了；人的知识获得了，而后人生意向、意愿就会真诚了；人生意向、意愿真诚了，而后人的心、思想就会正确了；人的心、思想正确了，而后人自身（这个个体、单体、身体）的正确德品就能得到修养了；人自身（这个个体、单体、身体）的正确德品得到修养了，而后家庭、家族、集体就能齐于正确了；家庭、家族、集体齐于正确了，而后国家就能治理了；国家治理了，而后天下、人类社会就能太平安康了（天下、人类社会就能太平、安康地生存、发展、进步了）。

【注释】

平："平"这个字，从字形上看就像是一个天平。"平衡""平稳""平均""公平""水平""平静""平常""平安""平息""平定""和平"，这些组合词的意思，在中国自古就有。在我们古人思想中，"平"这个字词是一个很广阔、很复杂的字词，它所表现的应该说是一种"平"时空。其实，我们中华所有古字词也有它的另一个特点，就是它的时空性。就是说每一个字词都表达了一个时空。对于"平"这个字词，我们可能不好说出它的具体来路，但总体来讲它是指一种平衡、均衡、公平、平稳，而最终达到和谐、稳定、和平、平和的合和状态。从这一点，也可以让我们看出，我们古人当时的思想是非常宽阔的、深邃的、时空的，而一个简单字词的表达、表述又显得那么苍白无力。“平”这个字词，在这里可基本理解为：太平、安康。

【评析】

《大学》此章是接续前一章，继续阐释了人类一切生存作为活动中格物、致知的基础性。也是继续阐释了人类格物、致知、诚意、正心、修身、齐家、治国的系统过程，并阐释了这样一个系统过程最后所要达到的最终目标。这个最终目标，就是天下平，就是整个人类社会太平、安康地幸福生存。看来，中国自古就是有天下平理想的。

在这里，我想提一下格物的问题。什么是格物，格什么物呢？前面我们讲到，格物就是指分析、分辨事物。分析、分辨什么事物呢？就是分析、分辨自然时空和人类社会事物；就是分析、分辨自然时空和人类社会到底是一个什么样的东西，他是怎么运行的，他有什么样的运行规律。当然最终目的，就是我们现代人类将如何主动正确运作，以达到把控这些事物，最后把控我们健康、幸福、美好的生存。看来，格物对我们人类来说是多么的重要。我们也会看到，现代社会格物（分析分辨事物），对事物进行深入地细致地分析，也是人类生存的首要之事、重要之事。人类发明显微镜的作用就是为了探析细微的事物、细微的世界。望远镜的作用，就是分析、分辨宏观世界。明代王阳明小时候对格物就有浓厚的兴趣。所谓今天格一物，明天格一物，物格多了，自然知识就来了。那么，自然时空和人类社会是一个什么样的东西呢？他有什么规律呢？他的运行规律是怎样的呢？我们可以看到，现代社会、现代人类格物的知识、德品是很丰厚的。各种自然科学技术和人类社会知识丰富多彩。其实，我们中华传统文化中、典籍中，自然时空和人类社会方面的知识、德品也是很丰厚的，所谓中华文化博大精深。这些典籍是有哲学性的，有科学性的，有自然的，有社会的。比如：《周易》《尚书》《山海经》《黄帝内经》《诗经》《道德经》《论语》《庄子》《大学》《中庸》，还有关于天文、地理、农业、医学的等等，这些都是我们应该学习和继承的知识。

《大学》与现代社会和现代大学教育的关系

通过此章和上一章也会让我们看到，古人认为大学教育的格物、致知、诚意、正心、修身的目标，与整个人类社会齐家、治国、平天下的总目标是相一致的。那就是，大学教育的格物、致知、诚意、正心、修身，也是服务于家庭、服务于集体、服务于国家、服务于整个天下（人类社会）的至善，让人类和社会、自然太平安康地幸福生存。通过古人的这些思想和现代众多思想来看，其实，大学教育从一开始就没有离开人类社会和人类政治，它和人类社会、人类政治是紧密相连的。其实，政治本身，就是使人类社会中的人们都要正确运行、正确作为，而要正确运行的根本还是他的知识性。那么，如何使人类社会下一代人有知识，有充分的知识，当然就是政治很重要的目标了，也是政治的重要内容。从现代社会看，新中国自成立以来，都特别重视学校教育，也包括大学教育。

第六章

【原文】

zì tiān zǐ yǐ zhì yú shù rén yī shì yǐ xiū
自天子，以至于庶人，壹是以修
shēn wéi běn qí běn luàn ér mò zhì zhě fǒu yǐ
身为本。其本乱，而末治者，否矣。
qí suǒ hòu zhě bó ér qí suǒ bó zhě hòu wèi zhī
其所厚者薄，而其所薄者厚，未之
yǒu yě
有也。

【译文】

自天子，以至于普通人（每一个单体人），首先都要以修身（修人自身这个个体、单体、身体的正确德品）为根本。其事物根本乱，而末端得到治理者，这是可以否定的。其所应该厚重者薄为，而其所薄为者却厚重了，没有这样的事。

【注释】

天子：指人类社会最高首领，或说王。

庶人：指社会中的每个人、普通人。

壹：在这里指第一，也可理解为首先。

【评析】

《大学》此章，古人认识到，每一个单体人或说人身，是人类组成的基本单位。每一个单体人的修身、修德（正确思想、行为作为德品的修养），是每一个人以及人类社会正确思想行为作为的根本，当然也是大学教育的根本了。人类作为、做事情，当然要重根本。根本好了，那么枝叶自然就会茂盛。从此章的第一句“自天子，以至于庶人，壹是以修身为本。”也可让我们看到，古人的人类社会整体观和平等观，就是认为每一个人的人类社会基本责任、基本权利都是平等的，每一个人接受教育的权利和责任都是平等的。

《大学》与现代社会和现代大学教育的关系

古人认为：修身，是每一个人以及人类社会的根本，也是大学教育的根本。修身，就是指修人自身这个个体、单体的正确思想、行为、作为，也就是修德。这里我们要注意，修身不是仅指修知（致知）和修思想（正心），而是最终要修人的身体，也就是修人的正确行为、作为。也就是说大学教育的格物、致知、诚意、正心，最终是要达到修身，最终是要把格物、致知、诚意、正心落实到人的实际行为、作为、行动上，体现到行动上。古人的这一思想也会给我们现代社会和现代大学教育带来一个重要启示，就是我们现代大学教育做好了格物、致知、诚意、正心，但是否做好了修身，是否将所学的知识落实到行动上了呢？是否形成了人的德品、德行了呢？我想，这一点，是值得我们现代大学去思考的。这也是我们人类作为、做事的一个根本。根本是很多的，每一个事情都有它的一个根源、根本。所以说，有大根本，也有小根本。这也是事物的时空性和过程性决定的。

第七章

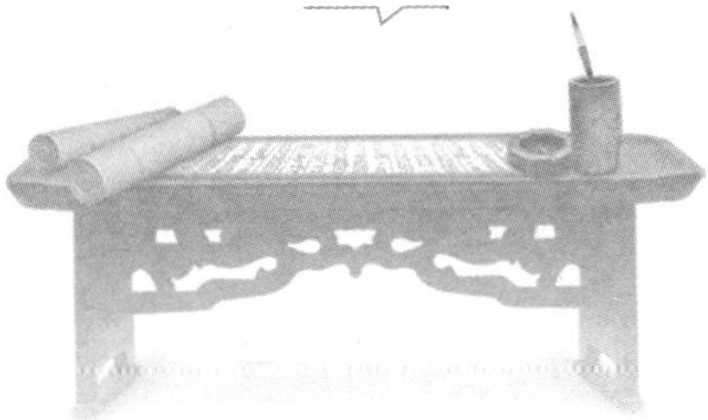

【原文】

kāng gào yuē kè míng dé dà
《康诰》曰："克明德。"《大

jiǎ yuē gù shì tiān zhī míng mìng dì diǎn
甲》曰："顾諟天之明命。"《帝典》

yuē kè míng jùn dé jiē zì míng yě
曰："克明，俊德。"皆：自明也。

【译文】

《康诰》说："人类就要努力去作为开明和明确、正确的德。"《大甲》说："人类就要看到、重视、珍视天地宇宙赋予人类的这种有知、明白生命特性。"《帝典》说："努力去作为开明，开辟、完善人类的正确德品。"这些话都是在强调：人类就要自主开明。

【注释】

《康诰》:《尚书》中的一篇。

克：指攻克、战胜，在这里指努力作为的意思。克明德，就是指努力作为开明和明确的德，也是正确的德。

《大甲》:《尚书》中的一篇。

顾：在这里是视、看的意思。

諟：在这里是确认的意思，也是重视、珍视的意思。顾諟天之明命，意思就是：人类就要看到、重视、珍视天地宇宙赋予人类的这种有知、明白生命特性。

《帝典》:《尚书》中的一篇。

【评析】

《大学》此章，古人为我们展示了古代众多文章中有关论述或说强调人就要厚重德、自明德的一些话语。从这些话语中可让我们看到，我们的古人或说老祖宗对后辈们要厚重德、自明德的殷切期望和语重心长。古人认为：人类就要主动厚重德、自明德。当然，首先就要厚重、自明知识（所说致知）；然后就要厚重、自明人的正确思想、行为、作为（所说修德、修身）。

《大学》与现代社会和现代大学教育的关系

此章古人主要是说，人类就要主动厚重德、自明德。其实，大学教育也就是人类主动厚重德、自明德的重要行为措施之一。从此章和以上多章古人对大学的论述，也可以让我们看到：人类主动办大学，其目标都是为了人类有知识、有德品，都是为了人类社会这个大家庭能正确、健康的运行生存，都有它的公益性。这也会给我们现代大学教育带来一个启示，就是现代大学不管是公立大学，还是私立大学，都要有它的公益性，都应该因公益而产生、存在。现代大学不管怎么改革、教学，也都不能失去它的公益性，都应该把握住它的公益性这个根本、原则。

第八章

【原文】

汤之《盘铭》曰："苟日新，日日新，又日新。"《康诰》曰："作新民。"《诗》曰："周虽旧邦，其命维新。"是故，君子无所不用其极。

【译文】

汤之《盘铭》说："每一个朴素的人都要日新，要日日新，又日新（每一个人、每一个国民，每天都要有新变化，每天都要有新认知，每天都要有新德品）。”《康诰》说：“要做新民。”《诗经》中说：“周虽然是旧邦（老邦国），但其命运也离不开革新。”这就是为什么，君子们在这方面无所不用其极，无不都在想各种办法努力识知、认知、学习、修德、修身。

【注释】

苟：苟由草、句构成。草指生命小草，句可能与狗有关，总之都是指普通生命。苟音同狗，意思是人同狗一样都是普通动物。苟，在这里指朴素、普通的人。

君子：指人的识知能力、正确行为作为能力主动先进，走在社会前面的人；也是能够知行的人、有知识的人；当然也是自我觉醒、自觉进步的人。君子是人类社会一个德品、品质概念。在古人看来，在人类社会上层中的人自然就应该是君子，所以君子在古人思想中有时也是指在上层社会的人。“君子”一词与现代社会中的“知识分子”一词有一点近意之处。

【评析】

《大学》此章，古人主要是阐释了自然时空的无限性和人的有限识知能力之间的关系。古人认为：每一个朴素的人、平庸的人，每天都要有新识知、新德品。其实，古人此时是认识到：时空是无限变化的，时空知识是无限的，而人的识知能力、知识量却是有限的。人每天，甚至说每时每刻都要识知、学习。庄子也说："吾生也有涯，而知也无涯。"后来又有人说："书山有路勤为径，学海无涯苦做舟。"其实，人类需要终身识知、学习。看来这一点，中国古人在2000多年前就已经认识到了。中国民间还有这样一句话，叫做：活到老，学到老。人类活着，就得识知、学习，增加知识。否则，就不能把握时空，就不能正确行为，当然也就把握不住自己的生存。

《大学》与现代社会和现代大学教育的关系

《大学》此章认为，识知，也包括学习，是终身的事，人类需要终身识知、学习。它应该伴随我们人生的整个过程，是我们人生的重要内容，当然也是人类社会的重要内容了。人每天都要识知、学习，增加知识。因为这个时空世界是无限的，是不断运动的、前进的、变化的，人每天甚至说每时每刻，都要面临大量的时空问题，都要面临新的时空、新的问题。基于这种状态，这也给我们现代大学教育带来一个启示，就是我们现代大学是教给学生众多的固定知识（有人也称死知识）重要呢？还是教给学生识知、学习的方式、方法、习惯、习性重要呢？当然，这两个问题都是重要的。一个是知识的基础存量问题，一个是新知识的问题。但如果我们从此章古人的思想和事物的时空性看，对于一个人的整个一生来说，他们需要随时去应对多变的时空，新的知识，识知方法、识知习性、识知兴趣、自学能力，是不是更重要一些呢？看来，这个问题也是值得我们现代大学去思考的。

第九章

【原文】

shī yún bāng jī qiān lǐ wéi mín suǒ
《诗》云："邦畿千里，维民所
zhǐ shī yún mín mán huáng niǎo zhǐ yú
止。"《诗》云："缗蛮黄鸟，止于
qiū yú zǐ yuē yú zhǐ zhī qí suǒ zhǐ
丘隅。"子曰："于止，知其所止，
kě yǐ rén ér bù rú niǎo hū shī
可以。人，而不如鸟乎？"《诗》
yún mù mù wén wáng yú jī xī jìng zhǐ wéi
云："穆穆文王，於缉熙敬止。"为
rén jūn zhǐ yú rén wéi rén chén zhǐ yú jìng wéi
人君，止于仁；为人臣，止于敬；为
rén zǐ zhǐ yú xiào wéi rén fù zhǐ yú cí yǔ
人子，止于孝；为人父，止于慈；与
guó rén jiāo zhǐ yú xìn
国人交，止于信。

【译文】

《诗经》中讲到："邦国管理千里的人民，其目的就是要让人民不要乱为，都要止于正确作为。"《诗经》中讲到："缗蛮的黄鸟，也知道止于高山。"孔子说："人到该止的时候，就要知道在哪里止，这样才可以。人在这方面，难道还不如鸟吗？"《诗经》中讲到："伟大的文王，在关乎人类生存的大事面前难于把握，也要敬畏知止。"作为人类君子，就要止于仁；作为人类臣子，就要止于敬；作为人类子女，就要止于孝；作为人类父亲，就要止于慈；与国人交往，就要止于信。

【注释】

畿：此字由丝、田、戈构成。丝，代表经济活动；田，代表农业生产；戈，代表军事活动。这三样，代表了当时社会的基本活动。畿音同击。畿，就是指对人类社会的管理。

丘隅：在这里指鸟儿难以逾越的高山。

仁：指人类社会整体思想意识、大局观念，及其行为、作为。

敬：指尊敬。

孝：指孝学、孝敬，也包括孝顺。

慈：指慈悯、慈爱。敬、孝、慈，在古人看来都是一种社会责任，也是职责。看来，古人当时的社会职位、职责、责任思想观念已经很丰富了。

信：指相信、互信、信用。

【评析】

《大学》第一章和此章，古人都提到了这个“止”字。其实古人是认识到：人类也是一种时空物，是一种动物。但人类又不能乱动，不能乱行进。乱行进是会毁亡的，这就要该止则止。当然就要止于正确，止于有限时空物的正确轨道、正确道路、正确规律、正确行为作为。当然，这种正确行进、正确行为作为的基础，就是人的知识、德品了。古人还认为：作为人类社会中的每一个人，都要各尽其人类社会职责、责任，都要有人类社会知识、德品。我们在前面也谈到，德可分为自然时空之德和人类社会之德。而没有人类社会之德，人类自身合作不好，人类社会自身内部的问题解决不好，也就谈不上自然时空之德了。从此章和前面多章也会让我们看到，古人是特别重视人类社会之德的。他们认为：大学教育的重要内容就是培养人的人类社会之德，就是培养人去做一个合格的人类社会人。

《大学》与现代社会和现代大学教育的关系

此章，古人主要是讲了国民或说人类社会人都要正确行为、正确行进。从第一章到此章，也会让我们看到：古人讲的主要是人类社会知识或说人文知识，或说德品，就是怎样做一个人类社会人的问题。从这一点，可让我们看到：古人对大学培养人类社会知识或说人文知识是非常重视的。这也许是古人当时的人类社会发展阶段、进程决定的。当时的古人（包括东西方的古人）可能处在一个国家建立的初级成立阶段，面临着众多的社会紧密合作问题，而自然科学的问题并不明显。他们建立大学的重要目的、任务，或说首要目的、任务就是解决人类社会的合作问题，就是要让人们都要有人类社会知识、德品。我们在前面也谈到，人类社会知识也是人的重要知识、首要知识。如果没有人类社会知识，也就谈不上自然科学知识。我们会看到，近代社会发生了一些变化。人们为了发展经济、发展生产，办大学就特别重视自然科学知识、德品。以至于到现在世界的教育，也包括中国的教育可能出现了一个问题，就是重科技，轻人文。近代世界都看到了自然科学、科技的好处，却忘了或说忽视了我们人或说人类社会这个本根。这种后果可能会很严重，各种社会矛盾也正在现代世界所显现。我记得中国前些年也有人提出，大学教育首先是培养一个完整的人的问题。看来，这个问题也是值得我们现代大学去重新认识的。当然，人类社会知识、德品也包括政治知识、德品。现在我们也会看到，自古以来，从东方到西方，人类社会知识、德品和政治知识、德品也是分不开的。

第十章

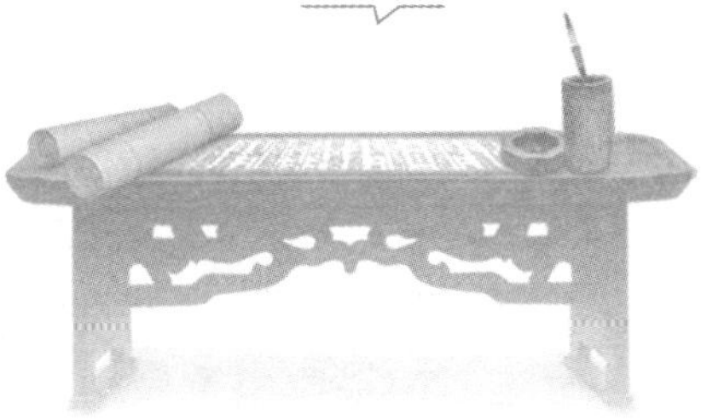

【原文】

shī yún zhān bǐ qí ào lù zhú yī
《诗》云："瞻彼淇澳！菉竹猗

yī yǒu fěi jūn zǐ rú qiē rú cuō rú zhuó
猗。有斐君子，如切、如磋、如琢、

rú mó sè xī xiàn xī hè xī xuān xī
如磨。瑟兮！僩兮！赫兮！喧兮！

yǒu fěi jūn zǐ zhōng bù kě xuān xī rú qiē rú
有斐君子终不可諠兮！"如切、如

cuō zhě dào xué yě rú zhuó rú mó zhě zì xiū
磋者，道学也。如琢、如磨者，自修

yě sè xī xiàn xī zhě xún lì yě hè xī
也。瑟兮、僩兮者，恂栗也。赫兮、

xuān xī zhě wēi yí yě yǒu fěi jūn zǐ zhōng bù
喧兮者，威仪也。有斐君子，终不

kě xuān xī zhě dào shèng dé zhì shàn mín zhī bù
可諠兮者？道盛，德至善。民之不
néngwàng yě
能忘也！

【译文】

《诗经》中讲到："观察那淇河弯曲的地方啊！菉草和苇竹都在静静地猗猗着，互相合作依偎着生长。有追求、求上进的君子，追求人类学问、追求人类知识、修养人类德品，就要如切、如磋、如琢、如磨，就要与前辈、他人、大家不断地切磋、不断地琢磨。像弹瑟一样认真啊！要看到人的有限啊！一旦有了认知成果，就要展现啊！宣讲啊！有追求、求上进的君子始终不要宣布认知停止啊！"如切、如磋这句话，形容的就是让人进入道学（进入人类共同探讨自然、人类社会这个大系统认知学问里）。如琢、如磨这句话，形容的就是让人进入自修养（进入自己、自觉、主动自我修养）。像弹瑟一样认真，要看到人的有限这句话，就是说人要谦虚谨慎。一旦有了认知成果就要展现、宣讲这句话，就是说人要实行、展示、推行人类知识的威仪。有追求、求上进的君子，为什么说始终不要宣布认知停止呢？人类的认知、文化之道盛行，人类的正确德品、事业才能达到至善（才能达到与自然、人类社会，合作、和谐、友好、共赢地生存）。所有的人们是不能忘记的！

【注释】

瞻彼淇澳！菉竹猗猗：瞻，指看、观察。彼，在这里可理解为那边。淇，指淇河。澳，指河道水流平稳的地方，一般也是弯曲的地方。这些地方往往植物生长茂盛。菉竹，指一种或两种水生植物。猗猗，表现同种植物互相依偎，合力生长在一起。这两句话是《大学》作者用来说明生命群生、群居的特性，也是生命合作生长的特性。结合上下文，此两句话就可解读为：观察那淇河弯曲的地方啊！菉草和苇竹都在静静地猗猗着，互相合作依偎着生长。

斐：指人类渴求知识、文化的状态。有斐君子，在这里可理解为：有追求、求上进的君子。

如切、如磋、如琢、如磨："切、磋、琢、磨"是指当时人们磨削制造工具、器具的一种制造加工工艺及其过程，也是当时人们一件平常、经常性的劳动，几乎人人都要做，当然也是当时一种精细加工的劳动。这种劳动在当时往往有其复杂性、传承性和学习性。人们在一起互相请教、学习、追问也是经常性的场景。“如切、如磋、如琢、如磨”可理解为：如同切、如同磋、如同琢、如同磨。也有“如何切？如何磋？如何琢？如何磨？”的意思。这句话，在这里其实是古人用以形容人们在识知、认知、学习、做事的过程中，就要像切磋、琢磨工具的工艺、过程那样，就要边学边问、边做边问、认认真真、请教传教、互相交流，也包括要互相学习、合作认知、精细认知，以至达到正确、准确作为。所以后来，“切磋、琢磨”便成了商量、研讨学问的意思。

瑟：一种乐器。

僩：音同限，应该指人的有限状态。

喧：在这里指宣讲。

諠：在这里指宣告、宣布。

【评析】

此章，古人主要是阐释了人类面对无限的大自然时空和人类社会时空需要合作识知、深入识知的状态、过程和重要性，也是展示了人类在一起互相合作、互相探讨、互相学习人类知识、求德品的情形和过程。其实，也是说出了当时古人所办的大学校，人们聚在一起共同识知、深入识知的功能、状态和作用。

《大学》与现代社会和现代大学教育的关系

此章，古人为我们阐释了人类合作识知、深入识知的状态、过程和重要性。也是形象地展示了人类求知过程中办大学的作用、过程和功能，也可以说是古人办大学的初心和本质。这里，其实也是体现了大学应该具有的原本的教学和学术氛围。当然，这一点，也是我们今后大学本应该具有或说应该坚持的学术氛围、风气和本质。我在前面说过，人类一些原本的思想、初衷有他的初级性，但往往也有他的基础性、根本性。人类思想作为或说做事情，深入到一定程度及其丰富了以后，往往容易忘却和忽略他的基础性、根本性。此章，也给我们现代大学教育带来一个启示，就是我们现代大学在办学过程中，是否坚持了办大学的这些基础原则、本质，或说初心呢？下面，我们就古人这些办大学的本质、基础和初心结合现代大学分别去探析和比较一下，以便对我们现代大学教育起到一定的借鉴作用。

此章，古人为我们展示了如下一些办大学的本质功能、过程、基础或说初心：1. 大学追求人类知识、追求人类学问，就要如切、如磋、如琢、如磨，就要与前辈、他人、大家不断地切磋、不断地琢磨，总之就是要传承识知、探索知识、讨论知识、合作识知、深化识知。2. 大学追求学问就要认真、精心，就要看到人的有限性。3. 大学有思想、认知成果就要展现，就要宣讲。这里包括老师，也包括学生。4. 大学就要不断认知，不能停止认知。5. 大学如切、如磋、如琢、如磨，就是要进入道学，进入深刻、系统学问。6. 大学就要进入自我、自主、自觉修养的习性。7. 大学就要谦虚谨慎。8. 大学一旦有认知成果就要展现、宣讲，就要推行人类知识的威仪。下面，我们就分别去探析讨论一下。

1. 大学追求人类知识、追求人类学问，就要如切、如磋、如琢、如磨，就要与前辈、他人、大家不断地切磋、不断地琢磨，总之就是要传承识知、探索知识、讨论知识、合作识知、深化识知。这里就是说，大学学生和老师之间，对待人类学问，就要请教、传教，有问、有答，就要你来我往、互相讨论、互相追问，甚至说互相质疑，就要追求合作识知、深化识知。学问、学问，就要有学有问。在学问中、在讨论中才能开拓思路、发现问题，或说才能发现深层次问题、深入深层次问题，从而才能解决深层次问题。在古人看来，大学其实就是讨论问题、合作识知的好地方。这里包括老师，也包括学生。通过老师和学生的讨论、追问，可以扩大思路，对老师也是一种促进，对学生当然就更大有益处。同时，老师也可以在教学中把握学生的思想状态，因才指导、因材施教。当然最后的目的都是为了解决自然时空和人类社会问题，同时也把人类知识、德品有效地传承下去。其实，我们讨论问题，不能求都是对的。对的（正确的）当然是好的，但不对的（错误的）也会自然而产生。绝对不会因为讨论问题才会产生错误，不讨论问题就不会产生错误。而有正确，便可以显示错误；有错误，才能显示正确，才能让人们分清对错。这也是我们人类识知的简单性、二分法。我们人类识知的基础能力，其实也就这么简单，也存在着简单性。那么，我们现代大学在这方面做的怎样呢？我们可以看到，现代大学有多少这样的讨论会呢？或说讨论形式、讨论氛围呢？看来，我们现代大学在这方面是有所忽略了。关于这一点，世界有些大学做得还是比较好的。我想，我们也可以向他们学习借鉴。

在这里，我想谈一下“学问”的问题。“学问”这个词自古就有，我们也不知它起始于何时，但我们现在都在很好地应用着。我们都知道，“学问”就是指人间所有的知识，或应该说是指深刻知识、系统知识。但那个第一个说出“学问”的人，为什么把人间的知识或说深刻知识说成“学问”，我想这个值得我们去深入探索一下。“学问”一词，其实也是两个词的组合，一个“学”，一个“问”，后来才组合成“学问”一词。这也许会说明，先人们认为：人类的知识，或说深刻知识、知识体系（学问）就是学和问吗？其本质、根本就是学和问吗？可能正是如此。我们人类的系统知识、知识体系是传承的、合作的、组合的、积累的、学习的、言传的，这些都体现了学和问的问题。学和问，其实是人类合作识知、合作作为、合作生存的基础、根本，也是必须的外在形式和过程。所以，先人才把人类知识、系统知识称为“学问”。这是有道理的，也应该说是准确的。这也说明一个问题，就是人类知识体系的传承、交流是必须要有学和问这样一个过程的，这个过程也是不能丢的。有学和问，当然就会有不明白的地方，这也就必须产生讨论。这是人类识知的一个自然过程，也是一个必须过程。

2. 大学追求学问就要认真、精心，就要看到人的有限性。认真就是指要认真理，对事物要精心、要深入，要认识到事物的复杂性、时空性、真实性、精准性。当然，这也就要看到人的有限性。我们可以想象，如果一个有限的人，不认真、不深入、不精心，是不可能探索到无限变化的、众多的、真实的大自然时空知识的。那么，我们现代大学在这方面做得怎样呢？这一点可能不太好评估。但有一点是可以确定的，就是如果基础形式、措施都不对路，比如说遇事不讨论，是不可能很好地实现认真的。当然，这里也不排除我们现在大学里有一些老师和学生都在自觉、认真地做学问，但他却缺少普遍性。

3. 大学有思想成果就要展现、就要宣讲。说话、展现、宣讲，可以说是人类的根，也是人类社会有别于其它动物群的最大优势和高级性。任何人有思想就要说出来，别人才能知道。不管这种思想有多么正确，或说存在一些错误，都应该让他们说出来、展现出来。这样，才能使好的思想得以弘扬，使不好的思想得以警示。这样，才能互相充分地交流，也才能互相学习、促进、提升，实现人的合作识知、合作作为。同时，也能让人了解他人的思想状态，以便于社会合作。这一点，对大学做学问、教书育人可以说非常重要。学生迟早要走向社会工作、社会合作，也是必需要有交流和讲话能力的。在古人眼中这是大学应有的教学内容和氛围。那么，我们现代大学在这方面做得怎样呢？我记得在上大学的时候，只看到老师在课堂上不停地讲，却很少记得有学生说话的机会。老师和学生之间的交流只有安排得紧紧的、完成任务式的课堂的灌输，几乎没有交流、展现、讨论的时间。有点交流，也只不过是老师允许的问问这些题应该如何解而已。这也是我上大学时就产生的一个疑问：大学育人、做学问怎么可能这样简单呢？这与我们在家里拿书本自学有什么区别呢？复杂的自然时空和人类社会时空，怎么可能这样简单地去识、去学呢？这种简单的灌输所获得的知识是有限的、有范围的、死板的，学生有疑问怎么解决呢？当时我也有很多疑问，但却没有这种讨论问题的平台。展现、宣讲这一大学的本质氛围，我们现代大学是否可以说也是有所忘却了呢？我们看看古代，在《论语》中就曾经有多处记载，孔子为一些问题经常和学生在一起讨论，让学生们自由发表各自的观点，在发表观点中展现问题、解决问题、寻求共识。我们也可以想象，如果有问题不说出来，难道学生在后面的人生中会自然消化、解决吗？回答是否定的。有些思想问题、症结，不说出来、不解决，可能会阻碍、羁绊他的一生。这应该说是教育的失败。

4. 大学就要不断认知，不能停止认知。其实，古人此时已经认识到时空世界的运动性、变化性和人类识知、知识的有限性。这就需要人类不断扩大识知，深入识知。这一点，我们现代大学可以说都是有这种思想理念的。

5. 大学如切、如磋、如琢、如磨，就是要进入道学，进入深刻、系统学问。古人所说的道学就是指深入、系统学问，也可以说是一种时空学问。其实，古人此时是看到了事物的时空性、复杂性、运动性、变化性、道路性，这样，人类就要深入到事物的道理当中、系统当中，做深入、系统学问。其实这也是办大学的作用，办大学就是要进入这种道学。办大学，其实也是人类识知的一种深入形式，一种精心深入识知措施。所以，办大学也就要有识知的深入性、广阔性。这也就需要有展现思想、识知，互相讨论，集思广益，合作识知，深化识知的大学氛围和特点。其中就是要如切、如磋、如琢、如磨。大学，其实也要有一定的宽松性，要允许思想有出格。出格才能打破原来的思路，才能有创新。当然不能出框。那么，什么是格、什么是框呢？那就要看你如何作为、如何把握了。如果你不去作为、不去把握、不去实施，仅以一个简单的框框框在那里，就把事物框死了。那么，进入道学这一点，我们现代大学做得怎样呢？如果说进入道学，进行深刻系统学问这种思想理念，我想现代大学可以说都是具有的。但如何将这种思想理念贯彻到实际中，这还需要有各种举措才行。有正确的思想理念，才是做好事情的一半过程。还是那句话，如果我们具体的措施、作为过程不到位，特别是一些基础措施、过程不到位，比如说没有讨论问题的习惯、习性、过程、措施，是很难将这种思想理念贯彻得好的。其实，我们国家和大学的每一次进步、每一点进步，都是离不开民主讨论、商讨、集思广益这样一个过程的。这也可以说是我们人类的一个法宝，这个法宝也是不能丢的。这也让我们联想到现代大学的学科问题。现代大学由于学问范围广大和细化识知，就会分很多科。分科可以分别细化、深入识知，但也带来了科与科之间不能很好地联系的问题。而实际的时空事物是复杂的、完整的、有关联的，不是你分科能识知解决的，这就要跨学科。所以，现在大学要有大的新的创造、新的发现，就要跨学科广揽知识。这一点，我们现代大学可以说也都是有这种思想理念的。但如何把这种思想理念贯彻到实际中，如何正确推行？比如说如何让老师和学生更加自由地跨学科选择学习、研究，如何让学习、研究的环境更加宽松、自由，这里面可能还有很多工作要做。

6. 大学就要进入自我、自主、自觉修养的习性。我们在前面谈到，学习是人一生的事情，所谓“终身学习”，人终究要主动学习起来。如果说小学还能谈到“被动”二字，那么大学就必须要达到主动学习、自觉学习。在古人看来，让人主动学习、自觉学习，形成善于学习的习性，自主修养起来，也是办大学的作用。在2000多年前，我们的古人就是有这种思想理念的。那么，我们现代大学在自修养这方面做得怎样呢？从现在大学普遍来看，我们做得可以说还不够好，起码我们的思想理念就有一些问题。比如说，我们的学习是带有相当强制性的；比如说，我们目前比较硬式的考试制度。这就从思想理念上、指导思想上，没有相信学生会自觉修养，也没有后续机制、措施鼓励学生去自觉修养。要想做好一件事情，首先就要相信这件事情。如果你不相信这件事情，可能就会走错路、走弯路。这就是信仰的力量。那如何才能让学生形成主动修养的习性、习惯呢？这可以说是一篇大文章。首先我们就要有这种思想理念，有这种作为目标、奋斗目标，也可以说就要有这种信仰。然后，就要有各种举措、措施、机制、行动跟上。比如说，要从学习的规律上和人性的研究上下功夫，让学生自然地去主动修养。比如说，让学生宣讲、展示思想，树立主人翁自信，赋予他们社会责任、担当精神和老师的实际行动带动。当然，这些举措、措施，对我们现在中国来讲，可以对研究性重点大学和应用性普通大学分别对待。也可以像深圳、浦东的改革模式那样，找几个大学先试先行。总之，有问题就要改革、实践、行动。不改革、不实践、不行动，可能永远都没有出路。考试制度当然是必须的，但不能因为有限、单一的一“试”就定终身。人生可以说太丰富了，这里边可以说还有很多的事情、很多的问题需要我们去认知、去作为。培养人，可以说就像培养一颗小树苗。他们同样都是复杂的生命，不能一味地浇水，也不能仅凭是否浇水就来判定是否培养得好。浇水浇多了，也会浇死的。这也是人一种做事的简单性、懒惰性、不深入性。这种现象，目前在中国教育界是普遍存在的。

7. 大学就要谦虚谨慎。谦虚谨慎应该说是大学人的特性，从古至今都是如此。毛泽东就曾经教导说要保持谦虚谨慎、不骄不躁的工作作风。我记得我们在上学的时候，“谦虚谨慎”也是贴在墙上的标语口号。那么，我们现在大学“谦虚谨慎”这一点做得怎样呢？我想给大家说一段往事。记得在20世纪八九十年代，丁肇中先生在一次演讲中，有学生问他问题时，他经常会说：“我不知道！我不知道！”这句话在这次演讲上，我记得曾经出现过五六次之多。这个事情对我的一生来说可以说都是一个震撼、难忘的事，他解答了我从小就认为“老师什么都知道”的疑问。我在想，这么大一个科学家、教授，“不知道”这句话说得是那么的平常、自然、谦逊。说实话，我开始是有点不习惯的，但后来变得很感动。因为在我的印象中，从来就没有听说过老师说“不知道”这句话。老师从来都是知道的，老师的话永远是真理，我可能永远也赶不上老师了。我在想，一个人“谦虚谨慎”的思想态度从何而来呢？当然是学来的。而向谁学呢？

当然主要是向老师学。如果老师都没有一个“谦虚谨慎”的思想态度，如何能让学生有一个“谦虚谨慎”的思想态度呢？从丁肇中教授那次演讲我才知道“很多事情不知道”是正常的，而“所有事情都知道”是不正常的。那年我大概三十几岁了，我在想，如果当学生问老师问题时，老师不知道，就谦逊地说一句“这个事情我不知道，需要你们去解决”。那么，这样不仅能让学生感受到老师的谦虚思想，也能赋予下一代人一个社会责任，关键是能让他们知道了“时空是无限的，人的知识是有限的”这样一个道理、真理，寄希望学生们、孩子们能继续努力地去探索知识、探索时空。这会是一个什么样的教学效果、结果呢？我记得还有这样一件事，在毕业答辩时，有同学就提醒大家：不要为难老师，不要与老师争辩。看来，现在大学老师和学生之间在对待学习、学术问题上存在着不平等性，个别老师可能还存在着傲慢性。究其原因，可能还是所谓“师道尊严”过分从师的封建狭隘思想在我们现代人思想中还没有肃清干净的原因。我们现在大学在教育后代的一些细节上，做得还不够好。我们现在大学不能仅提倡“谦虚谨慎”，而是要在做上、行动上去做文章。老师要一马当先。孔子当年对他的学生们就曾经教导说:"知之为知之,不知为不知,是知也!"孔子还说:"三人行,必有我师焉!"

8. 大学一旦有认知成果就要展现、宣讲,就要实行、推行人类知识的威仪。人类知识是需要推行的、彰显的、弘扬的,在推行、彰显、弘扬中,整个社会才能得到感染、熏陶、修行。不推行是不行的,这也就需要展现、宣讲这样一个过程。其实,这也是一个很简单的道理。古人认为,展现、宣讲也是人类推行知识的一个必须举措,他的作用就是推行知识、彰显知识、重视知识,从而达到弘扬知识,对整个社会的正确行为起到促进作用。这也是人类社会的一个系统作为过程,是一环扣一环的作为过程,这里面也是不能有缺环的。古人认为,这也是人类社会的一种威仪。威仪,在我理解就是指带有强制性的、人类社会主动作为、告之、宣教的一种礼仪。就是说,有知识、有见解就要告之大家,人人都应该有发言权、表达权,也应该有这种发言、表达、告之的社会责任。古人认为,这是一种礼仪。既然是礼仪,也就代表着对人类生命、对人类社会真正的尊重。我们在前面已谈到,现在大学在展现、宣讲这方面是有所忽略的。

但作为推行人类知识的一种威仪，展现、宣讲这个环节是不能缺少的。所以，我们现代大学也要实行这种推行人类知识的威仪，就要形成讨论问题的风气、习惯，都要有发表见解的权利，就要提倡展现、宣讲。老师和学生，都要平等地讨论问题，也要多给学生说话的机会。大学这个讲坛，可以说不仅是老师的，也应该是学生的，或说更应该是学生的，大学也要以学生为中心。展现、宣讲，不仅是一种形式，也是一种氛围、精神、动力。我们都知道，古代的讲坛是围坐在一起的，现在的讲坛则变成了“一”字形。当然，“一”字形的讲坛有“一”字形讲坛的作用和功能，但不能因为有了“一”字形讲坛，就丢掉了人们围坐在一起的讲坛。这两种讲坛都是要必备的。我想，如果这种展现、宣讲、推行知识的威仪推行得好，人人都有说话、发言的权利，遇到什么事情都能集思广益、充分商讨，我想目前大学所面临的任何窘境都能得到解决。

当然，我们以上所谈的这些现在大学所存在的问题，或说忽略忘却的内容、初心，并不是否认我们现在大学这些年所取得的成绩，成绩还是占主流的。但今天我们是谈问题，不谈成绩。

总之，人类的思想、知识是延续的、传承的、系统的、一体的，是一个整体系统、整体时空。看到未来，也不能忘记过去；看到先进，也不能忘记基础。要时刻从古人的思想中去吸取营养，我们才能行稳、致远。

第十一章

【原文】

shī yún yú hū qián wáng bú wàng
《诗》云：“於乎！前王不忘。”
jūn zǐ xián qí xián ér qīn qí qīn xiǎo rén
君子，贤其贤，而亲其亲；小人，
lè qí lè ér lì qí lì cǐ yǐ mò shì bú
乐其乐，而利其利。此，以没世不
wàng yě
忘也！

【译文】

《诗经》中讲到：“关于做人的识知、德品问题啊！一般前王在选拔后王的时候都不会忘记。”是君子，就会努力去做贤人，而会去努力亲近人民；是小人，就会去乐行其乐，而会去追求个人私利、小利。人的识知、德品问题，作为每一个人，以至整个社会，始终都不能忘记啊！

【注释】

於乎：於，同于，在这里可理解为关于。乎，在这里是感叹词。於乎，可基本解释为：关于这件事啊！

小人：指人的识知认知能力、正确行为作为能力、德品低下的人。

【评析】

此章中古人说到“於乎”“此”。那么，这个“於乎”“此”指的是什么，我们应当如何理解和解释呢？我们可以根据古人前面的论述、阐释，可以判定，就是指人的识知问题、德品问题。所以，“於乎”在这里我解读为：关于做人的识知、德品问题啊！此章古人又说：“此，以没世不忘也！”古人在这里所说的“不忘”，我想不仅指自己的做人识知、德品问题不能忘，而别人或说整个社会的做人识知、德品问题也不能忘。因为它关系到整个社会的整体命运、前程问题。我们从前面古人的整体思想看，这一点应该是在古人思想中的应有之意。

《大学》与现代社会和现代大学教育的关系

此章古人说出了人的识知、德品与社会正确行为的密切关系，也是说出了大学教育与社会正确行为的密切关系。古人在这里说的识知、德品主要是指人类社会识知、德品，也就是做人类社会中人的问题。我们在前面谈到，古人办大学的主要目的就是培养人的人类社会知识、德品，这也可以说是古人办大学的一个基础初心。我们在前面也谈到，现代大学对人类社会知识、德品的教育是有所忽略的。这一点，也是值得我们现代大学去深入思考的。我们现代大学的功能到底是什么？到底包括什么？应该去深入思考。

第十二章

【原文】

zǐ yuē tīng sòng wú yóu rén yě bì yě
子曰：“听讼，吾犹人也。必也

shǐ wú sòng hū wú qíng zhě bù dé jìn qí cí
使无讼乎？”无情者，不得尽其辞。

dà wèi mín zhì cǐ wèi zhī běn zhī běn cǐ wèi zhī
大畏民志。此谓知本。知本，此谓知

zhī zhì yě
之至也！

【译文】

孔子说：“我们每听到人类社会的各种争讼、矛盾，我们都会忧心忡忡。我们人类的作为，必定要努力使我们这个人类社会无争讼、无矛盾，不是吗？”对人类社会无情者，不会去说这些话。我们应该大畏的是民志（大畏惧的是人民的生存目标、人生方向、人生选择是什么）。此就是说知道人的根本了。知本，这就是说知达到根本处了，达到关键处了！

【注释】

讼：此字由言、公构成。就是指，说社会公共道理、讲社会公共道理，也就是我们平常所说的“讲道理”“讲理”，可解为人类社会争讼。这是人在人类社会中发生了社会矛盾以后的举动、状态、时空。讲人类社会公共道理，也就是争人类社会公共利益。当然，如果道理讲不通，矛盾就会升级，可能就会大打出手了。这就是人类社会争讼。那如何才能使人类社会道理讲得通、无争讼呢？那还是要有知识、德品。

情：此字由心、青构成。青，应该是指植物的深绿色和生长状态，也是指植物一种成熟的颜色和生命的厚重，也是体现了人们对大自然生命的一种理解和深厚的爱。我们都知道有“青睐”一词，青睐就是指喜爱和重视。心与青构成的这个“情”字，就是喻指人心对世间事物，也包括对人类社会的一种割舍不断的深厚的喜爱和关注状态。它的组合词有情爱、情感、情怀、情况等。

民志：民之志向，指人民的生存目标、人生方向、人生追求。当然，这种民志也是来自于知识。

【评析】

古人在这里提到，我们要重视、大畏民志。民志就是指人民的生存目标、人生方向、人生追求。其实，办大学也就是要让民志走在一个正确的道路上。当然，这种正确的民志，就要从孩子们或说青年人抓起了。以上两章古人其实都是在说、强调人类知识、德品的重要性。

《大学》与现代社会和现代大学教育的关系

我们现在大学教育经常提到，要培养学生正确的世界观、人生观。其实，这与古人的“民志思想、思路”是相通的。

第十三章

【原文】

suǒ wèi chéng qí yì zhě, wú zì qī yě。 rú
所谓诚其意者，毋自欺也。如
wù è chòu, rú hào hào sè。 cǐ zhī wèi zì qiān。
恶恶臭，如好好色。此之谓自谦。
gù, jūn zǐ bì shèn qí dú yě。 xiǎo rén, xián jū
故，君子必慎其独也。小人，闲居
wéi bú shàn, wú suǒ bú zhì; jiàn jūn zǐ ér hòu yàn
为不善，无所不至；见君子而后厌
rán, yǎn qí bú shàn; ér zhù qí shàn, rén zhī shì
然，掩其不善；而著其善，人之视
jǐ, rú jiàn qí fèi gān rán; zé hé yì yǐ? cǐ
己，如见其肺肝然；则何益矣？此
wèi, chéng yú zhōng, xíng yú wài。 gù, jūn zǐ
谓，诚于中，形于外。故，君子

bì shèn qí dú yě zēng zǐ yuē shí mù suǒ shì
必慎其独也。曾子曰："十目所视、
shí shǒu suǒ zhǐ qí yán hū fù rùn wū dé
十手所指，其严乎？"富润屋；德
rùn shēn xīn guǎng tǐ pàng gù jūn zǐ bì
润身。心广，体胖。故，君子必
chéng qí yì
诚其意。

【译文】

所说人的识知、修德、做人过程，就要诚实其意向、意愿者，就是说做人不能自欺。如厌恶恶臭，如喜好特别喜好的事物那样，就要真诚、真实、诚实。这就是说人类做人就要自谦，就要实实在在、谦虚谨慎，不能弄虚作假。所以，君子必须要慎重对待其有限的主观思想，避免一意孤行。小人求知生存，闲懒为不善，无所不为，乱行乱为；见到君子的行为而后厌恶自己的不足，便掩盖其不善；而铸就作为人类社会其善（合作、共赢、生存），人们视看每一个人就像视看到肺和肝一样，其实看得很清楚；这样，对于做人又有什么益处呢？这就是说，诚意在人的身体中，形必然表露在外，想掩饰是掩饰不了的。所以，君子必须要慎重对待其有限的主观思想，避免一意孤行。

曾子说："人类社会十目看着你、十手指着你，你就得严格要求自己，不严行吗？"财富能够润屋；人德能够润身。人的心、思想广大了，整个身体自然健康。所以，君子做人，格物、致知，也包括正心、修身，必须要诚实其意向、意愿，必须要实实在在地去做。

【注释】

诚：诚由言、成构成。意思是，就要言成事，人生做事就要讲把事情做成，如果做不成，等于一个零。诚，就是指人的识知、修德、与人合作的做人过程，就要真诚、诚实、诚信，不能怀疑，不能半信半疑，更不能弄虚作假，要实实在在地去做，也要看到人自身的有限性，要真实公正地看待自己，要做真人。从这个"诚"词的产生也可以让我们看到，当时社会做人可能已经出现了严重的虚假作为现象。所以，当时的人们才提出了"诚"的问题。人类有些思想、概念是随着人类社会的发展而产生的，"诚"这个概念就是人类社会高度合作发展的产物。世界文化都提到的"真、善、美"，应该也是人类社会高度合作发展的产物。

著：著与柱、筑、铸同音，有立、构筑、搭建的意思。在这里可理解为：铸就。

【评析】

古人在第四章曾讲到："古之，欲明明德于天下者，先治其国；欲治其国者，先齐其家；欲齐其家者，先修其身；欲修其身者，先正其心；欲正其心者，先诚其意；欲诚其意者，先致其知；致知，在格物。"从此章可让我们看到，此章古人则是详细、深入地阐释了，人类识知、正确行为作为过程中，就要"诚意"，以及"诚意"的原因、理由和根据。

《大学》与现代社会和现代大学教育的关系

古人说："欲正其心者，先诚其意。"古人在先秦时代就提出了人类社会或说做人过程中"诚意"的问题。"诚意"就是指，人在人类社会中做人（也包括在自然时空中做人）对知识、正确做人、正确行为就要诚心诚意，不能有怀疑，更不能弄虚作假；不管是在求知方面，还是与人类社会他人合作生存方面，以至对自然时空的正确作为方面，整个做人方面、过程（都要诚意）。在古人看来，"诚意"是人类社会格物、致知、诚意、正心、修身、齐家、治国、平天下整个过程的第三大环节。格物就能致知，致知才能诚意，诚意才能正心。现在我们想来，人的做人过程，不管是识知、修德，还是与人类社会兄弟合作生存、交往，也包括在自然时空中正确作为，不诚意是不行的。不诚意，只会给我们这个人类社会带来正确生存的不利因素，不会给我们带来任何正当好处、长远利益。不诚意、不诚实，应该是人类社会合作生存发展到一定阶段、规模所形成的或说突显的一种坏毛病、一种不良产物，它可能产生于国家产生前后。在生活简单紧张的远古时代，这个问题并不明显或说并没有产生。“诚意”是那个时代的问题，其实也是现代人类社会所面临的问题，而且这个问题随着人类社会的高度合作、细化分工，高度诚信生存可能会越来越需要，也显得越来越重要。所以，古人才提出了“诚意”的问题。而且这个问题既然随着社会发展产生了，以后也将永远存在。这就是我所说的先秦时代与现代社会在一定范围内同属于“现代”的原因。它们是一个初级产生与存在的共同时空。在古人看来，“诚意”是整个社会的问题，也是大学教育所要解决的问题。就是说，大学教育也是要解决学生、后代们“诚意”的问题，让他们形成诚意的习惯、习性。不诚意的问题，说到底还是人类知识、德品的不厚重。那么，在“诚意”的培育树立方面，我们现在大学做得怎样呢？在我看来，我们现在大学总体讲做得还是不错的，大多数老师和学生都在诚心诚意、实实在在地教学、学习、生活。但也不能说不存在一些问题。比如说，学术造假、论文造假，老师和学生还不诚实的心态等等。看来，我们现在大学在“诚意”的树立方面还是有很多努力的空间的，也有很多需要思考和向古人学习借鉴的地方。当然，“诚意”也是一个社会问题，也是需要整个社会用礼制、机制去规范的。

第十四章

【原文】

suǒ wèi xiū shēn zài zhèng qí xīn zhě shēn yǒu
所谓修身，在正其心者，身有
suǒ fèn zhì zé bù dé qí zhèng yǒu suǒ kǒng jù
所忿懥，则不得其正；有所恐惧，
zé bù dé qí zhèng yǒu suǒ hào lè zé bù dé qí
则不得其正；有所好乐，则不得其
zhèng yǒu suǒ yōu huàn zé bù dé qí zhèng xīn bú
正；有所忧患，则不得其正。心不
zài yān shì ér bú jiàn tīng ér bù wén shí ér bù
在焉，视而不见、听而不闻、食而不
zhī qí wèi cǐ wèi xiū shēn zài zhèng qí xīn
知其味。此谓，修身在正其心。

【译文】

所说修身（修人自身这个个体、单体、身体的正确德品），就在于正其心、正其思想者，一个人在社会中，也包括在自然时空中，有所分心、孤僻、傲慢，则就是因为其心、思想不得其中正、正确；有所恐惧，则就是因为其心、思想不得其中正、正确；有所喜好行乐，则就是因为其心、思想不得其中正、正确；有所忧患，则就是因为其心、思想不得其中正、正确。如果一个人其心、思想，不在人正确的思想状态上的话，就会对修身之事视而不见、听而不闻、食而不知其味。这就是说，修身在正其心。

【注释】

身：我们在前面已经对“身”有所解释了，在这里我们就再深入地探索一下。如果说心是指人的心想、思想，那么身就是指人的行为作为，或说主要是指人的行为作为。人的心想、思想的东西如果不落实到行动上，那就是空想。所以人这个实体要生存就必须要把正确的思想落实到行动上，体现到行动上。这就是古人所说的“身”概念。修身其实也是修德。身是指人身的外在体现；德则是古人从人的识知、思想、正确行为作为的大时空理论过程上去考虑、思想的概念。

忿懥：指人分心、孤僻、傲慢，不合作，自私自利的状态。

恐惧：在这里指恐惧的心理。

好乐：在这里指过分好乐、行乐。

忧患：在这里指忧虑、愁患，不信任。

【评析】

从《大学》此章可让我们看到，此章古人是继上一章分别、详细、深入地阐释了“修身，在正其心”的问题，及其原因、理由和根据。从此章古人的论述可让我们看到，对于人的正确行为作为来讲，人的心（思想）是非常重要的。“正心”是古人所说“格物、致知、诚意、正心、修身、齐家、治国、平天下”的第四大环节。古人认为“欲修其身者，先正其心”，“修身，在正其心”。“心”就是指人的思想，“正心”就是指正人的思想，或说使人的思想正确起来。其实，人是一种高知动物，是高度主动生存的，人的主动生存活动都是要预先思想、设计的，我把他叫做人的“预设生存”及其能力。这种“预设生存”就是人根据其知识，事先、预先想好了，设计好了，然后再行动。其实，这种识知生存、预设生存（心想）能力，在其他动物身上也早已经产生了，而人则是比其他动物更强而已。预设生存，就是要求首先想的要正确。要想的正确，那就要有知识，这种知识也叫主观知识，然后人才能正确行为。我们现在去看，如果人的心（思想）不正确，就不可能有正确的行为；任何正确的行为，都要有正确的思想做指导。中国共产党历来就特别重视思想建设，这也可以说是我们中华民族的一种文化传承，也可以说是中华传统文化的一个优势。

《大学》与现代社会和现代大学教育的关系

古人在此章中认为：人的心（思想）不正，会给人带来众多的不好的后果，并以此来阐释人正心的重要性。古人在这里所举的后果有：1. 忿懥；2. 恐惧；3. 好乐；4. 忧患。忿懥、恐惧、好乐、忧患，包括对自然时空的忿懥、恐惧、好乐、忧患，也包括对人类社会的忿懥、恐惧、好乐、忧患。忿懥就是指人在社会中，也包括在自然时空中思想行为作为，分心、孤僻、漠视、傲慢、主观，所带来的后果就是我行我素，自以为是，路走错了还不知道，当然也包括自私自利。总之，都是与自然时空和人类社会不合作的一种思想状态。当然，这种不合作的思想态度就是产生于知识的不足。恐惧就是指恐慌和惧怕。其实我们人类恐惧的事情或说时空会很多。我们有限的人生活在无限的时空中，无时不在产生恐惧。恐惧也是有限人的常态。但这里是指过分恐惧，或说不必要的恐惧。如果一个人有恐惧的思想，生存作为就会无所适从，不知所措，以至狂躁行为。对人类社会恐惧，也不会与人类社会很好地合作。所以，人类也要避免恐惧，或说也要减少、克服恐惧。这里的好乐就是指，按照人的生理本能行乐，缺少人的高级理性控制因素，就是指过分行乐，过分贪图身体的物质享乐、生理享乐。忧患就是指忧虑和愁患。当然这里是指过分忧虑和愁患，或说不必要的忧虑和愁患。如果一个人有忧患的思想状态，生存作为就会畏畏缩缩，不敢行动，不敢前进，或者说不能主动、勇敢、正确行动，不能主动、勇敢、正确前进。这就丧失了人的主动性本质。人是主动生存的动物。人既要存，又要生。既要保持存在，又要勇敢前进。由此看来，古人所说的忿懥、恐惧、好乐、忧患，也是基本上概括了作为高级人的人生缺欠，这都是高级人的人生一些不健康的思想心理状态。这也给我们现代大学教育的目标或说靶标，带来了一定的针对性。就是如何去除这些人生的缺欠和不健康的思想心理状态，也是大学教育的一个重要目标、重要内容。但不管是忿懥、恐惧、好乐，还是忧患，都是因为人的心不正，思想不正确，对自然时空和人类社会时空没有一个正确的认知造成的。说到底还是人们识知、德品的不厚重，不能从容地把握世界或说时空。这就需要对自然时空和人类社会有充分的识知和认知。人只有格物、致知、诚意、正心、修身，才能解决这些问题。属于自然时空的问题，就需要在对自然时空的致知上和德品的形成上下功夫。属于人类社会的问题，就需要在对人类社会的致知上和德品的形成上下功夫。我们现在大学对自然时空的致知和德品的树立上是做得比较好的，而对人类社会的致知和德品的树立上是有所忽视的。比如对社会的恐惧、忧患的问题，这就要树立一个人正确的人类社会观，就要对人类社会有一个正确的认识，就要树立一个人的人类社会平等意识、主人翁自信。一个人有主人翁自信，才会有担当。

第十五章

【原文】

所谓齐其家，在修其身者，人之所以亲爱，而辟焉？之所以贱恶，而辟焉？之所以敬畏，而辟焉？之所以哀矜，而辟焉？之所以敖惰，而辟焉？故，好而知其恶，恶而知其美者，天下鲜矣。故，谚有之曰：“人莫知其子之恶，莫知其苗之硕。”此

wèi shēn bù xiū bù kě yǐ qí qí jiā
谓，身不修，不可以齐其家。

【译文】

所说让家庭、家族、某集体齐于正确，就在于修人自身这个个体、单体、身体的正确思想、行为、作为者，人类之所以亲爱，不就是因为有人去开辟正确、践行吗？之所以鄙视恶行，不就是因为有人去开辟正确、践行吗？之所以敬畏，不就是因为有人去开辟正确、践行吗？之所以忧虑、关注社会现实矛盾，不就是因为有人去开辟正确、践行吗？之所以蔑视懒惰，不就是因为有人去开辟正确、践行吗？（一个人在社会中做得好，其他人都会在看，都会受到感染，都会去学习、实践、践行人类社会正确人生。）所以，一个人身心放纵，目无一切，只顾个人所好，不去关注社会他人都在干什么，而能知道什么是恶行，恶行而能知道什么是美者，天下是很少的。所以，谚语中就有这样的话说："人不要说不知其子的恶行，不要说不知其苗的茁壮（这些都是人自身行为、作为，人生践行的结果）。"这就是说，人自身（这个个体、单体、身体）的思想行为作为、德品不修养，就不可以使家庭、家族、某集体齐于正确。

【注释】

辟：这里的辟，就是指开辟正确、践行，走在社会前列。

贱恶：指看低恶行、鄙视恶行。

哀矜：矜由矛、今构成，可理解为直击当今的现实问题。哀矜，就是感叹、忧虑、关注社会现实问题矛盾。

敖惰：指蔑视懒惰、鄙视懒惰。

【评析】

《大学》此章古人是分别、详细、深入地阐释了“齐其家，在修其身”的问题，及其原因、理由和根据。从此章古人的论述可让我们看到，一个人在人类社会中正确行为、正确践行的重要性。他不仅涉及个人的正确行为，而更重要的是涉及社会他人的正确行为。其实人的文化传承在语言不丰富之前就是靠行为、行动来传承的。这也让我们看到了所说“身教”的重要性。有种说法叫做：身教重于言教。我们在前面讲到，齐家其实是人类社会形成的根本、过程，也是基础。齐家，就是指使这个家的家人或说社会某集体，共同齐于正确。那么，如何才能齐家呢？古人在这里认为，齐家者就必须要走在社会前列，必须要首先做得好、做得正确，做出表率样子，并体现到自己的外在身体上。所谓身体力行，就是让其他家人能看到人类社会合作生存的正确做法、目标、方向、希望、力量，从而人们才能跟从学习，也才能形成这个家、这个集体。其实，我们人类社会这个家的合作生存文化的传承过程，也就是这么简单，也存在着简单性、朴素性。那么，齐家由谁来齐呢？当然就是人类社会中的君子（有知者、知行者，先知、先行者），以及人类社会职位的上级和人类社会的长辈、前辈了。

《大学》与现代社会和现代大学教育的关系

我们现代社会会经常听到“表率、先进、模范、英雄……”这些词汇，当然也不能缺少“领导、上级、长辈、父母、老师，或说也包括哥、姐”这些职位和称谓。这些词汇、荣誉和职位的划分也是自古有之。我们现代社会，其实处处都充满着齐家的思想精神和作为。这些“表率、先进、模范、英雄”等的德品、荣誉和“领导、上级、长辈、父母、老师、哥姐”等的社会职位，不仅是正确思想的先行者，也是正确行为的先行者。我们人类社会也必须要有这样的先行者和引领者，人类社会整体才能正确前进。修身，不仅包括修知、修思想，也包括要修行为，或说主要就是指要修行为。古人在这里认为，人只有身、行为得修了，正确了，才能感染他人，才能带动社会，才能齐家。其实，人作为一个时空体，人的知、思想和行为也是紧密相连的、连带的，是一体的。这就是后期古人所说的“知行合一”问题。知和行是不能分割和脱节的。它们之间的关系是，知了就要正确地行，要想正确地行就要知。古人“知行合一”这一思想也会给我们现代社会带来一个启示，就是我们现代社会各个领域也都要注意，仅有知、思想，而不能正确地行，等于一个零。都要在行上下功夫，都要在知和行上同时对人做评价。仅有知而不行动是不完整的，或说是无用的。

古人对“修身、齐家”的这一论述，也会给我们现代大学教育，也包括小学、中学教育带来一个启示，就是老师的修身、修德、德品问题。古人此处的“修身、齐家”是从整个人类社会的角度上，对整个社会教育、教化讲的；但作为社会教育的专门行业、专门职业，又是社会启蒙教育，学校和老师就显得格外重要了。著名教育家陶行知先生就曾经说过：“学高为师，身正为范。”说得就是这个道理吧。其实，我们人类社会每个社会职业都有每个社会职业的特殊性和侧重点。作为老师这个职业，他的特殊性和侧重点就是社会德品的引导者。当然，作为政府官员，更是整个社会正确作为的引导者，更要以身作则，身体力行。而作为医生，治病救人，就要把人的生命看得比什么都重要。作为农民，就要把握好粮食的安全性。作为食品加工业，就要把握好食品的安全。这些都是职业特点，也被人们称为职业道德。这也让我们想起了孔子的一句话，叫做：君君，臣臣，父父，子子。就是说，每一个社会成员、每一个社会职业都要尽到每一个社会成员、每一个社会职业的职责和责任，谁也不能脱离社会而独立存在。

第十六章

【原文】

suǒ wèi zhì guó bì xiān qí qí jiā zhě qí
所谓治国，必先齐其家者，其
jiā bù kě jiào ér néng jiào guó rén zhě wú zhī gù
家不可教而能教国人者，无之。故，
jūn zǐ bù chū jiā ér chéng jiào yú guó xiào zhě
君子不出家，而成教于国。孝者，
suǒ yǐ shì jūn yě tì zhě suǒ yǐ shì zhǎng yě
所以事君也；悌者，所以事长也；
cí zhě suǒ yǐ shǐ zhòng yě
慈者，所以使众也。

【译文】

所说治理国家，就必须先要使家庭、家族、某集体齐于正确者，其家庭、家族、某集体不能教导之而能教导国人，这种事是没有的（起码能教导家，而后才能谈教导国，教导家与教导国也有同理之处，小家也是国家的组成部分）。所以，君子不出家门做事，把家庭、家族、某集体教导好了、治理好了，齐于正确了，而就可以说能教导国了。有孝道的人，所以说就能共事于上君；有悌谦听从之心的人，所以说就能共事于长上；有慈爱大爱担当的人，所以说就能指挥众人。

【注释】

教：指有知识、多知识、能正确行为的人，告之、引导之那些无知识、少知识、不能正确行为的人。可理解为：教导。

悌：此字由心、弟构成，可理解为：心有小弟之心，也是一种谦从之心。

慈：慈在第九章中已经出现过，指慈悯、慈爱。在这里我们就再深入地探讨一下。慈由兹、心构成。兹，一般指水的浸入，同滋，也是表现水对生命的滋润。兹和心加在一起，表现人心的关爱和给予。慈也应该说是一种人类社会品质、德品，一种社会责任担当，是人类社会上对下、长辈对晚辈的一种责任。如果说“慈”这个词不太好理解的话，那我们就看看动物妈妈是如何对待她的小宝宝的，可能就容易理解了。在第九章中，“慈”是对做人类父亲的要求，而在此章中则是对人类社会做君子的要求。看来慈的意义也是很广泛的，它是一个社会性的词汇、概念，也是一个社会性的品质、责任。慈者，就是指有社会责任，有社会担当，有慈悯、慈爱、大爱思想作为的人。古人在这里说：“慈者，所以使众也。”就是说，有慈爱之心的人就能当领导，才能当领导。看来做领导，也是必须要有慈爱之心、慈善之心的，必须要有慈善情怀、慈善德品的。

【评析】

此章古人则是分别、详细、深入地阐释了“治国，必先齐其家”的原因、理由和根据。此章会让我们看到，古人认为，治国也是教国。教化人民，这种说法自古有之。这可以说是古人从人的根本上来思想的。这种根本，就是人的知识性、知行性。

古人在此《大学》中，从格物、致知、诚意、正心、修身、齐家，谈到治国，以至平天下，可让我们看到古人思想之深厚、之高远。

《大学》与现代社会和现代大学教育的关系

古人在此章中说："所谓治国，必先齐其家者，其家不可教而能教国人者，无之。"这段话可让我们看出，古人认为，治国其实也是教国，就是教育、教导、教化国民。我们从现代社会去看，其实国家的一切行为作为都是在教育、教化国民，都是在教育、教化国民有知识，有思想，走上一条人类社会正确的道路。古人这种教化国民的思想理念，其实也是说出了治国的根本。

第十七章

【原文】

kāng gào yuē rú bǎo chì zǐ xīn
《康诰》曰：“如保赤子。”心
chéng qiú zhī suī bú zhòng bù yuǎn yǐ wèi yǒu xué
诚求之，虽不中，不远矣。未有学
yǎng zǐ ér hòu jià zhě yě
养子，而后嫁者也。

【译文】

《康诰》说：“这就像母亲保育幼子一样。”人类做事，包括齐家、治国，如果能心诚追求之，虽然说可能达不到预期效果，但是离目标就不会远了（就会越来越近了)。没有学做一个好母亲，决定保育幼子，认识到保育幼子是正确的，而后嫁人的。

【注释】

《康诰》:《尚书》中的一篇。

【评析】

此章会让我们看到，其实古人此时是认识到，从齐家到治国，也包括格物、致知、诚意、正心、修身，是人类社会一个系统作为过程，当然这个过程是艰难的，它存在着系统性、漫长性、艰难性、坚持性、追求性、延续性、传承性、引领性，是需要人类社会去不断接续作为追求的。古人在这里用人类伟大母亲哺育儿女的作为，来比喻了这样一个过程，或说工程。这里也是体现了人类伟大母亲的母爱、大爱、责任和担当精神。

《大学》与现代社会和现代大学教育的关系

此章古人告诉我们，做事，特别是做人类大事就要心诚追求。心诚追求，也是人类的一大优秀德品。前面第四章，古人也提出了“诚意”是大学教育的一大环节。那么，我们现代大学如何才能培养学生具有一种心诚追求的德品呢？这可能就需要学校和老师首先要心诚了，首先要做出心诚的表率，首先要心诚地去引领心诚了，也可以说就要以心诚换来心诚。

第十八章

【原文】

yì jiā rén　yì guó xīng rén　yì jiā ràng　yì
一家仁，一国兴仁；一家让，一
guó xīng ràng　yì rén tān lì　yì guó zuò luàn　qí jī
国兴让；一人贪戾，一国作乱。其机
rú cǐ　cǐ wèi　yì yán fèn shì　yì rén dìng guó
如此。此谓：一言偾事，一人定国。
yáo　shùn shuài tiān xià yǐ rén　ér mín cóng zhī
尧、舜帅天下以仁，而民从之。
jié　zhòu shuài tiān xià yǐ bào　ér mín cóng zhī　qí
桀、纣帅天下以暴，而民从之；其
suǒ lìng　fǎn qí suǒ hào　ér mín bù cóng　shì gù
所令，反其所好，而民不从。是故，
jūn zǐ　yǒu zhū jǐ　ér hòu qiú zhū rén　wú zhū
君子，有诸己，而后求诸人。无诸

jǐ ér hòu fēi zhū rén suǒ cáng hū shēn bú shù
己，而后非诸人。所藏乎身，不恕，
ér néng yù zhū rén zhě wèi zhī yǒu yě gù zhì
而能喻诸人者，未之有也。故，治
guó zài qí qí jiā
国在齐其家。

【译文】

一个家、一个集体仁，一国就可能兴仁；一个家、一个集体让，一国就可能兴让；一个人，特别是一个重要的人贪戾，一国就可能作乱。其机理就在这里。此也可以说明这种说法的道理：一言就可以使事情成功，一个英雄人物就可以定国。尧和舜帅领天下社会以行仁，而民众从学之。桀和纣帅领天下社会以行暴，而民众从学之；而对其命令，反其所好，而民众不听从。这就是为什么说，君子们就要首先要求自己在社会中做得好，而后才能要求民众。如果不能要求自己，而后就无法要求民众。君子们如果做人有所隐藏，不诚实，不能将心比心，不能以一个君子的高知、高德去理解恕让别人，不能实实在在地首先走在社会前列，而能说服、要求民众者，没有这样的事。所以，治国就在于先要使家庭、家族、某集体齐于正确（先要使一部分人正确起来，然后引领带动全体国民）。

【注释】

让：指人生活在一起，要谦让、礼让。遇到利益要想到他人，遇到困难要勇于向前担当。

贪戾：过分的贪占，指自私自利。

尧、舜：指尧王和舜王。

桀、纣：指夏桀和商纣王。

【评析】

此章古人是接续前两章，继续阐释了“治国，必先齐其家”的问题，及其原因、理由和根据。

《大学》与现代社会和现代大学教育的关系

古人“治国，在齐其家”的思想理论，可让我们联想到现在“党”的产生和作用。其实，党也是一个家。当然，他应该是一个先进之家，是一个引领之家，是一个先进集体。这也应该说是一个党成立的根源、根基或说初心。如果一个党不能起到先进、引领作为，他就要打折扣了。中国共产党就是一个先进之家、先进集体。我们会看到，中国共产党“治国必先治党，治党务必从严”的思想理念与《大学》此章的思想理念是有相近之处的。这也体现了中国共产党思想作为的中华文化根基性。

第十九章

【原文】

《诗》云："桃之夭夭，其叶蓁蓁。之子于归，宜其家人。"宜其家人，而后可以教国人。《诗》云："宜兄宜弟。"宜兄宜弟，而后可以教国人。《诗》云："其仪不忒，正是四国。"其为父子兄弟足法，而后民法之也。此谓，治国在齐其家。

【译文】

《诗经》中讲到："桃花盛开，其叶蓁蓁。家乡之子在外面学到了知识，春天回到了家乡，就可以教宜于家乡人了。"教宜于家乡人，而后才可以教国人。《诗经》中讲到："一个人有知识，有正确生存方式、方法就要教宜于兄弟（姐妹）。"教宜于兄弟（姐妹），而后才可以教国人。《诗经》中讲到："行人类文化交流礼仪，也包括行教礼仪，不要心中忐忑不安；人毕竟要正视周边四国的存在，毕竟要看到人类社会的发展进步。"其作为父子、兄弟，有足够的正确做人方式、方法，而后就可以用这些正确的方式、方法使民众去正确生存做事了。这也是说，治国在齐其家（在于先将某家庭、某家族、某集体齐于正确）。

【注释】

桃之夭夭，其叶蓁蓁：桃，指桃树，当然也可以指桃花、桃叶。夭夭，指生命生长的状态和勃勃生机。蓁蓁，指枝叶繁茂的样子。古人这句话表现的是一个春天的美景。此段话在这里是表意一个学子在一个春天回到了家乡，踏上了家乡的土地。

其仪，不忒；正是四国：这句话是比较难理解的。仪，是指人类礼仪、礼制、社会运作做法。不忒，就是指心不要忐忑。正是四国，就是指要正视周边四国的存在，就要看到人类社会的发展。也就是说，你不发展，别人也会发展，所谓发展才是硬道理。《诗经》中这段话是告诉我们，对于人类社会运行运作、公共事务、公共事业，不要心怀忐忑，就要心怀主人翁思想，就要直面人类社会公共事业，就要勇敢担当，勇敢作为。

【评析】

此章古人是借用了《诗经》中的故事或话语，进而继续阐释了“治国，在齐其家”的问题。

《大学》与现代社会和现代大学教育的关系

《大学》此章引用《诗经》中的第一段话和第二段话，都是表现、阐述了治国必先要有齐家的基础和经验。有了齐家的基础和经验，才能进而去治理、管理国家。用现代的说法，就是要求人们特别是青年人，要到基层去，去接受锻炼，获取基层的工作经验、实践经验，然后才能担当起治理国家的重任。

第二十章

【原文】

suǒ wèi píng tiān xià，zài zhì qí guó zhě，shàng
所谓平天下，在治其国者，上
lǎo lǎo，ér mín xīng xiào；shàng zhǎng zhǎng，ér mín
老老，而民兴孝；上长长，而民
xīng dì；shàng xù gū，ér mín bú bèi。shì yǐ，
兴弟；上恤孤，而民不倍。是以，
jūn zǐ yǒu jié jǔ zhī dào yě。
君子有絜矩之道也。

【译文】

所说平天下（使人类社会走向和谐，走向和平，走向美好生存），就在于治理其国家者，人类社会上层社会的人做事老诚、老道、正确，而民众就能兴孝（就能孝学、承接人类知识、人类正确作为、人类文化）；人类社会上层社会的人有担当、有引领、正确作为，而民众就能兴弟（就能传递、延续人类知识、人类正确作为、人类文化，同时也能听从上级指挥管理）；人类社会上层社会的人体恤、关心孤独者，而民众就不会放荡不羁。所以说，人类上层社会先进先行君子有斩除自然、社会乱象，制定人类正确规矩，引领人类正确规矩之道路、之责任。

【注释】

絜矩：絜由丰、刀、系构成，系指系结在一起。此字可让我们联想到一句话叫做：快刀斩乱麻。此字有快刀斩乱麻之象。矩，指规矩，也指规则。絜矩，可理解为：斩乱象，制规矩。斩除自然、社会乱象，制定人类社会规矩。

【评析】

此章古人是分别、详细、深入地阐释了“平天下，在治其国”的问题，及其原因、理由和根据。这里的“平天下”在治国之上。“平天下”就是指使整个人类社会所有国家或说人民消除矛盾，实现太平，安康地生存，这就是古人所说的天下大同。但这里我要说明一下，古人的大同思想应该是指奔向同一个目标，就是和谐共赢地生存，是同方向、同目标，而不是指同一样，所谓和而不同。

《大学》与现代社会和现代大学教育的关系

此章可让我们看出，在古人思想中，“平天下”是人类作为的重要目标。我们现在去看，人类社会合作问题、安全问题、和平问题仍然是人类社会的最大问题。那么，这些问题如何去解决呢？那就要增知识，修德品，齐家、治国、平天下。这也应该是现代大学教育所要达到的重要目标。

第二十一章

【原文】

suǒ è yú shàng wú yǐ shǐ xià suǒ è yú
所恶于上，毋以使下；所恶于
xià wú yǐ shì shàng suǒ è yú qián wú yǐ xiān
下，毋以事上；所恶于前，毋以先
hòu suǒ è yú hòu wú yǐ cóng qián suǒ è yú
后；所恶于后，毋以从前；所恶于
yòu wú yǐ jiāo yú zuǒ suǒ è yú zuǒ wú yǐ jiāo
右，毋以交于左；所恶于左，毋以交
yú yòu cǐ zhī wèi jié jǔ zhī dào
于右。此之谓，絜矩之道。

【译文】

人类社会如果恶行于上，就无以指挥下；人类社会如果恶行于下，就无以听从事奉上；人类社会如果恶行于前，就无以谈先后；人类社会如果恶行于后，就无以向前；人类社会如果恶行于右，就无以交流合作于左；人类社会如果恶行于左，就无以交流合作于右。这就是说，人类就要具有这种斩乱象，制定人类正确规矩之道路、之道法、之作为。

【注释】

恶：在这里指恶行、乱行，无正确的行为。恶于上，就是指人类社会上层出现恶行；恶于下，就是指人类社会下层出现恶行。

毋：与无近意。

【评析】

此章的“上、下、前、后、左、右”，再加上“恶行”，就构成了一个时空。由此看来，古人把人类社会也看作了一个时空。其实，中国古人把世界的一切都看作是时空的。中国古人或说中华传统文化的最大特点可以说就是他的时空观。此章古人则是从人类社会上、下、前、后、左、右，各个部分、各个部位来分别阐释了人类恶行的恶果，并以此来阐释人类斩乱象、制定正确规矩的必要性。所谓，没有规矩，不成方圆。其实，人类也是一种规律、秩序运行的产物，这也就是古人所说的“道”。而这些“道”都是需要识知、学习、树立的。

《大学》与现代社会和现代大学教育的关系

古人在此认为：人类作为一种有道路的、规律运行、秩序运行的产物，如果恶行、乱行、无正确的运行，是不行的，是行不了的。那么，如何才能正确运行呢？那还是要有知识、有德品。我们会看到，此《大学》一书，从头至尾都始终在讲人类识知、学习的问题。知识包括自然时空知识和人类社会时空知识。而人类社会知识，也是有关我们人类自身的知识，也是我们人类最重要的知识或说非常重要的知识。我们人类首先就要有我们人类自身的知识，从而才能解决好我们人类内部自身的合作问题、和谐生存问题。如果解决不好，不等外部自然时空来侵害我们，我们内部就自毁了。所以说，大学的人类社会知识也是首要知识，是不能忽略和忘却的。孔子所办的大学主要就是讲人类社会知识的，自然知识则放在了第二位。

第二十二章

【原文】

shī yún lè zhī jūn zǐ mín zhī fù
《诗》云："乐只君子，民之父
mǔ mín zhī suǒ hào hào zhī mín zhī suǒ wù
母。"民之所好，好之；民之所恶，
wù zhī cǐ zhī wèi mín zhī fù mǔ shī yún
恶之。此之谓民之父母。《诗》云：
jié bǐ nán shān wéi shí yán yán hè hè shī yǐn
"节彼南山，维石岩岩；赫赫师尹，
mín jù ěr zhān yǒu guó zhě bù kě yǐ bú shèn
民具尔瞻。"有国者，不可以不慎，
pì zé wéi tiān xià lù yǐ shī yún
辟，则为天下僇矣。《诗》云："般之

wèi sàng shī　kè pèi shàng dì　yí jiān yú yīn　jùn
未丧师；克配上帝。仪监于殷；峻
mìng bú yì　dào dé zhòng　zé dé guó　shī zhòng
命不易。”道得众，则得国；失众，
zé shī guó
则失国。

【译文】

《诗经》中讲到：“一个乐于做君子的人，就好像民之父母。”民之主体所喜好的，就要喜好之；民之主体所厌恶的，就要厌恶之（一切都要从人民的共同利益着想）。这就是所说民之父母的由来。《诗经》中讲到：“看那巍峨壮观的南山，一层层岩石坚硬有力；看那伟大的正义之师（之国家机构），民众都会敬仰、仰慕。”有国家者，不可以不慎重，就要开辟践行，就要为天下（人类社会）走在前列，披荆斩棘。《诗经》中讲到：“殷朝在没有丧师之前，正义作为；配得上是人民心目中的上帝。人类礼仪监督于殷；强有力的生命不是谁想改变就能改变的。”道路、道法得民众拥护支持，正确，就会得国；道路、道法不得民众拥护支持，不正确，就会失国。

【注释】

瞻：指遥望、关注，在这里指敬仰、仰慕。

辟：在这里指开辟、践行。

僇：音同戮，意近戮。戮，有合力之意。僇，在这里指人的努力作为、勇于出击能力。

【评析】

此章古人则是阐释了，一个君子就要与民同心，就要有为民、为国尽职的思想，就要走在社会前列，主动正确作为，引导人民。否则，就不能担当起一个君子的责任，就会给社会或说国家的正常运行带来混乱。

《大学》与现代社会和现代大学教育的关系

在《大学》的作者看来，大学与政治是紧密联系的，大学也是为人类社会和政治服务的。现代社会也是如此。所以，我们现在大学加强思想政治教育课应该说是必要的。它一方面可以为社会或说国家培养执政人才，另一方面则可以培养国民关注政治的能力和适应政治的能力。对于大学的思想政治教育课，我想我们也可以从中华传统文化中去吸取营养。

第二十三章

【原文】

shì gù jūn zǐ xiān shèn hū dé yǒu dé cǐ
是故，君子先慎乎德。有德，此
yǒu rén yǒu rén cǐ yǒu tǔ yǒu tǔ cǐ yǒu
有人；有人，此有土；有土，此有
cái yǒu cái cǐ yǒu yòng dé zhě běn yě cái zhě
财；有财，此有用。德者本也，财者
mò yě wài běn nèi mò zhēng mín shī duó shì gù
末也。外本内末，争民施夺。是故，
cái jù zé mín sàn cái sàn zé mín jù shì
财聚，则民散；财散，则民聚。是
gù yán bèi ér chū zhě yì bèi ér rù huò bèi ér
故，言悖而出者，亦悖而入；货悖而
chū zhě yì bèi ér rù
出者，亦悖而入。

【译文】

这就是为什么说，君子就要首先重视德（德知、德品）。有德，才能有人；有人，才能有田地、有生产；有田地、有生产，才能有社会财富；有社会财富，才能为人类社会所共享、共用。德是人类社会的根本，财是人类社会的枝末。如果把人类社会运行运作规律的根本放在外面，而把枝末放在里面，重末轻本，重财轻德，人类社会就会出现争民施夺；社会民众就会不按照正常、正确社会运行运作规律、规则、秩序去抢去夺，就会乱为，天下就会大乱。这就是为什么说，财富聚集了，则民心就会散了；财富分散了，则民心才会聚集。这就是为什么说，言语违背良心而出者，也会有违背良心的言语而入；货物违背良心而出者，也会有违背良心的货物而入。

【注释】

土：指土地、田地，也是指农业生产，在这里也泛指社会一切生产活动。

财：指社会财货、财富。这里的财已不仅仅指生活必需品，而是指社会财货，也就是说任何财货它都有社会共同品的意义。

财聚：这里的财聚，是指大肆聚财、无规则聚财，不注重民众他人利益聚财。这里我要提一下，我们对古字、词的解读，也包括现代字、词的解读，也要看到文字表述的有限性和他的事物针对性，比如说这里的“财聚”。财聚，按说不一定都是错误的，但要看聚到什么程度了，这个程度可以说可划分为100种，关于它的解释也会有100种。那么，哪一种是正确的呢？是作者的本意表述吗？这样，我们就要去看、去联系他的整体思想逻辑了，不能断章取义。

悖：在这里指违背良心、常理。

【评析】

《大学》此章则是总结、强调了人类德的重要性、首要性、根本性。古人认为，德（正确的德）作为做人和人类社会的根本必须树立起来。而人或说人类社会追求社会财物、财富，必须放在德后面，用德来约束；也就是说人们追求社会财物、财富，必须首先要重视德，必须首先要有正确的德，有正确的人类社会运行运作规律规则做制约。这就是人们常说的君子爱财取之有道。否则，社会就会出现财富的乱争、乱抢现象。其实，人类的根本也在德。有德，才能有人类一切的正确行为。

《大学》与现代社会和现代大学教育的关系

此章古人关于社会财富与人德关系的论述可以让我们看到，当时中国的社会发展已经达到了一个相当的阶段。这个时期中国已经出现了大量的商品经济，社会生产能力已经达到了一个相当的状态。从《论语》中也能看到这一点。社会管理，也包括国家管理，当然也要随之而跟上。这就要出现一些人类社会思想理论。他们之间，其实是互相联系、相辅相成的。所以说中华传统文化，包括先秦文化，是博大精深的。他的社会发展和思想先进程度，还有待于我们去深入研究。所以，我们现代大学关于中华传统文化，是必须要去重视、学习和研究的。

第二十四章

【原文】

kāng gào yuē wéi mìng bù yú cháng
《康诰》曰："惟命不于常。"
dào shàn zé dé zhī bú shàn zé shī zhī yǐ
道善，则得之；不善，则失之矣。
chǔ shū yuē chǔ guó wú yǐ wéi bǎo wéi shàn
《楚书》曰："楚国无以为宝，惟善
yǐ wéi bǎo jiù fàn yuē wáng rén yǐ wéi bǎo
以为宝。"舅犯曰："亡人以为宝，
rén qīn yǐ wéi bǎo
仁亲以为宝。"

【译文】

《康诰》说：“任何生命力，都不是恒常存在的。”人类道路、道法善，追求合作、合和、善行，就会得到生命力；不善，不追求合作、合和，不善行，就会失去生命力了。《楚书》说：“楚国没有什么可以为宝的，心中唯有将善行以为宝。”舅犯说：“要把人们的生命以为宝，要把人类社会的仁和亲以为宝。”

【注释】

亡人：在这里指人的死亡问题，也是指人们的生命问题。

【评析】

此章古人则是阐释了，人和人类社会走善道、追求善行，就会有生命力；否则，就会失去生命力。善道，就是指人类社会合作之道、合和之道。在这里古人其实还是在阐释人和人类社会就要有知识、有德品，就要有道德，在古人看来就要有人类社会仁、义、礼、智、信等知识、德品。

《大学》与现代社会和现代大学教育的关系

至此，我们从整部《大学》看，在古人思想中，大学教育是面向全社会的、全民的。《大学》作者则是延续了孔子“有教无类”的思想。但这一思想，在中国2000多年封建社会中却被中断了。而直到封建社会被推翻，特别是新中国成立以后，中国才又大力地发展推行学校教育，也包括大学教育。

第二十五章

【原文】

《秦誓》曰：“若有一介臣，断断兮无他技，其心休休焉？其如有容焉？人之有技，若己有之；人之彦圣，其心好之；不啻若自其口出，寔能容之；以能保我子孙黎民；尚亦有利哉！人之有技，冒疾，以恶

zhī rén zhī yàn shèng ér wéi zhī bǐ bù tōng
之；人之彦圣，而违之，俾不通；
shí bù néng róng yǐ bù néng bǎo wǒ zǐ sūn lí mín
寔不能容；以不能保我子孙黎民；
yì yuē dài zāi wéi rén rén fàng liú zhī bèng zhū sì
亦曰殆哉！唯仁人放流之，迸诸四
yí bù yǔ tóng zhōng guó cǐ wèi wéi rén rén
夷，不与同中国。”此谓，唯仁人，
wéi néng ài rén néng wù rén
为能爱人，能恶人。

【译文】

《秦誓》说：“假若有那么一个大臣，知识匮乏，没有做人的知识技能，他的心可以不想事吗？他可以表面有容纳度吗？别人有技能，就像自己有之；别人仰慕圣人，其心赞同；如果有与自己不同观点自其口出，人生思想里面能容纳之；以能保我人类社会子孙黎民；这种多知多德的做人就是对人类社会很有利的做法啊！别人有技能，就会产生人类缺少知识的一种病态的嫉妒心理，以厌恶之；别人仰慕圣人，而违背之，心里想不通；人生思想里面不能容纳之；以不能保我人类社会子孙黎民；这也可以说是对人类社会事业的一种怠慢啊！唯独将仁人放走流失之，进入周边四夷，不能为中国做事。”这就是说，唯有有仁德（有人类社会整体思想、行为）的人，才能去作为大爱人类、爱人类人才，才能去与人类的恶事、恶人（也包括自己的恶思想、恶行为）作斗争。

【注释】

不啻：指与上级不同的思想、观点、理论。

寔：指人生思想知识的容量，也指一种能容忍、谦让他人的肚量。

冒疾：这里的冒疾指产生嫉妒心理。

中国：古代的“中国”一词与现在的“中国”一词是有所不同的。现在的“中国”是“中华人民共和国”的简称，古代的“中国”则是指中心国。这很有意思，古人把当时的中国看作是人类的中心吗？这一点可以说很值得我们去好好研究研究。

【评析】

从此章可让我们看到，一个人的知识、技能、德品是多么的重要，特别是君子。这里的仁人，就是指有人类社会整体思想意识、德品的人。古人在这里谈到人的嫉妒心理。古人认为，一个人有嫉妒心理，就不能与人和人类社会很好地合作。作为人类社会上级，就不能很好地发现人才，提拔人才，重用人才，为社会服务。而人类社会人才的利用，又是人类社会正常运行发展的重要问题。

《大学》与现代社会和现代大学教育的关系

从此章可让我们看到，培养大学生的人类社会整体思想、集体观念、合作心理，消除嫉妒心理，也是大学教育的一个重要目标。其实他的根本，就是古人所说的人类社会仁思想、仁德品。如果人有了人类社会仁思想和人类社会整体思想意识、德品，那么，人的嫉妒心理也就消除了。当然，这里面也存在着人类社会管理的问题和运行运作机制的问题。

第二十六章

【原文】

jiàn xián ér bù néng jǔ, jǔ ér bù néng xiān
见贤而不能举，举而不能先；
mìng yě jiàn bú shàn ér bù néng tuì tuì ér bù néng
命也！见不善而不能退，退而不能
yuǎn guò yě hào rén zhī suǒ wù wù rén zhī suǒ
远；过也！好人之所恶，恶人之所
hào shì wèi fú rén zhī xìng zāi bì dǎi fū shēn shì
好；是谓拂人之性，菑必逮夫身。是
gù jūn zǐ yǒu dà dào bì zhōng xìn yǐ dé zhī
故，君子有大道；必忠信以得之；
jiāo tài yǐ shī zhī
骄泰以失之。

【译文】

见到贤人而不能举用，举用而不能让其先行、走在社会前列；这就是我们人类自私、低级本性的局限啊！见到不善的事情而不能退出，退出而不能远离；这就是做人的过错啊！喜好人类主体之所厌恶，厌恶人类主体之所喜好；这就是蔑视、违背人类社会合作本性，不符合人类社会生存总目标、大目标的有害恶势力必然缠绕人类、绑架人身。这就是为什么说，君子人生有大道路、大道法；必要忠信以得大道路、大道法；把骄泰扔掉。

【注释】

拂：在这里指蔑视、违背。

菑：在这里指对事物有害的成分，也指灾祸。

骄泰：在这里指人过分傲慢的状态。

【评析】

此章古人认为，社会不能举贤人、不能远离错误的事情，而喜好自私自利的人的低级本性，是不符合人类社会高级本性、德品的，是与人类社会发展大方向、主流方向背道而驰的，是会缠绕、绑架、羁绊人生或说人类的；并以此来阐释，人就要有人类社会大道路、大道法、大知识、大理论，也就要扔掉傲慢，识知学习，学习人类社会深刻的广大的知识。

《大学》与现代社会和现代大学教育的关系

从《大学》此章可让我们看到，大学组织青年人识知、学习，学习、识知人类社会和自然深刻的知识，也就是要让青年人走正确的道路，走人类社会本质的、先进的、高级的道路。

第二十七章

【原文】

shēng cái yǒu dà dào shēng zhī zhě zhòng shí zhī zhě guǎ wéi zhī zhě jí yòng zhī zhě shū zé cái héng zú yǐ rén zhě yǐ cái fā shēn bù rén zhě yǐ shēn fā cái wèi yǒu shàng hào rén ér xià bú hào yì zhě yě wèi yǒu hào yì qí shì bù zhōng zhě yě wèi yǒu fǔ kù cái fēi qí cái zhě yě mèng xiàn zǐ

生财有大道：生之者众，食之者寡；为之者疾，用之者舒；则财恒足矣。仁者，以财发身；不仁者，以身发财。未有上好仁，而下不好义者也；未有好义，其事不终者也；未有府库财，非其财者也。孟献子

yuē　xù mǎ shèng　bù chá yú jī tún　fá bīng zhī
曰：“畜马乘，不察于鸡豚；伐冰之

jiā　bú xù niú yáng　bǎi shèng zhī jiā　bú xù jù
家，不畜牛羊；百乘之家，不畜聚

liǎn zhī chén　yǔ qí yǒu jù liǎn zhī chén　nìng yǒu dào
敛之臣。与其有聚敛之臣，宁有盗

chén　cǐ wèi　guó bù yǐ lì wéi lì　yǐ yì wéi
臣。”此谓，国不以利为利，以义为

lì yě
利也。

【译文】

人类社会生财有正确的大道路：要生之者众多，食之者寡少；作为之者要努力追求，用之者要心中舒畅；则社会财富就会永久充足。有仁心者，就会以创造社会财富去兴发社会身份（职位）；没有仁心者，就会以社会身份（职位）去发财。人类社会，不能有上君好仁，而下面不好义的情况；不能有好义，其事情不善终的情况；不能有府库中存财富，而不是其应得财富的情况。孟献子说：“养马车的，不管鸡豚之事；伐冰之家，不养牛羊；百乘之家（社会生产经营大型集团），不养聚敛（搜刮、剥削民众）之臣。与其有聚敛（搜刮、剥削民众）之臣，宁可有盗臣。”（社会中每一个人，每一个经营团体，特别是大型经营团体，都要有人类社会职责、责任，都要有人类社会仁思想、仁德品。）这就是说，国家及其国民的行为不能仅以利益为利益，而要首先以义（以为整个社会国家作为求利）为利益、为追求，才是正确的。

【注释】

者：指人，也指事。

疾：这里的疾，不是指疾病，而是寓意一种人的需求、追求。可理解为积极追求。

义：指正确作为人类社会，为整个社会、国家、集体当然也包括他人，去做事求利。

伐冰之家：可能指冬天在河里取冰的人家，这也应该是当时一个专门的行业。

百乘之家：一乘指一辆马车或牛车，百乘之家就是指具有百辆马车的集体。那么，一百辆马车用来干什么呢？其实，当时中国社会生产产品已经很丰富了，产品交易活动也已经很活跃了。这一点，在《论语》中就有很多体现。比如，漆雕氏家族，就是专门做漆雕产品的；丝绸，已经成为当时的重要经济品；孔子的学生子贡，就是一位大商人。我们知道，鲁班、墨子也是产生在那个年代。他们都是大工匠，现在讲就相当于工程师、科学家的地位。马车是可以用于战争的，但平时养这么多的马车干什么呢？那就是搞运输、做买卖了。百乘之家，就是指当时的一些大型经济经营集体，也可以称为集团。它的作用就是聚集产品，也可能包括组织生产产品，然后进行交易，从中赚取利润。《论语》中的“子桑伯子”，就是指桑业合作社的老大。我在这里用“集团”这个词来表述这样的团体，是为了准确表达这种经营集体。虽然说当时可能没有出现集团这种称谓，或说历史上没有集团这种称谓的记载，但它已经是一种集团的型式了。其实“集、团”这两个字词在那个时代也早已经产生了。而我们现代人所用的“集团”一词，也都是借用那个时代老祖宗的词源。

利：指利益。但这个利，不仅指个人利益，有时也指集体利益。我们都知道人或说生命都是追求利益的，以利于人的组合生存。但人类社会的紧密合作发展，已不允许人仅去追求个人利益、物质利益，而要去追求社会利益。这是古人当时对“利”的认识高度。

【评析】

此章古人则是从社会体制、经济体制和社会正确运行运作的角度上来阐释人类知识、德品的重要性。并以此来阐释国民就要修身、修德，国家就要开办大学。此章，也可以说是古人畅想了一些在古人思想中理想的社会和经济运行制度模式。这也会让我们看到，古人是针对当时的社会高度合作发展现状和人们追求社会财富的现状而言的。此章第一段话，古人说："生之者众，食之者寡；为之者疾，用之者舒；则财恒足矣。"此段古人就是从生财、社会生产的运行运作机制上来阐释知识、德品的重要性。生之者众，就是愿意生产者要众多，要使社会人员积极地去参加社会生产。食之者寡，就是食用者要寡少，就是要使社会有一定的剩余财富。为之者疾，就是要使生产者有相当的积极性，能努力去工作劳动，这里也应该包括要给予合理的经济收入。用之者舒，就是食用者要心中舒畅、心安理得，付出与收入合情合理。古人认为，这样社会财富就会永久充足。而这些就需要人类社会要去设计、设置合理的生财、生产运行运作制度模式才能实现。此章第二段话，古人说："仁者，以财发身；不仁者，以身发财。"此段古人则是从仁心与社会职位以及发财收入的关系上来阐释知识、德品的重要性。仁者，就是指有仁心、有仁德的人。以财发身，就是以创造社会财富去兴发社会身份、职位，这是正常的，也是正确的社会运行运作。不仁者，以身发财。就是指没有仁心的人，就会以社会身份、职位、社会权利去发个人之财。这就是说，人如果没有社会仁德，就会滥用社会职位、权利，行不合理的生财收入。此章第三段话，古人说：“未有上好仁，而下不好义者也；未有好义，其事不终者也；未有府库财，非其财者也。”此段古人则是从社会运作机制、社会利益分配上来阐释人类知识、德品的重要性。未有上好仁，而下不好义者也。就是说社会不能有仅上君好仁，而下面、下民不好义的情况。无知识、无义德的情况，社会任何正确作为都不会很好地推行，这样也就需要下面所有的人员都要有知识、有德品，全民也都要进行德品的提升，也都要进行全面教育。未有好义，其事不终者也。就是说社会不能有好义，而事情却不能得以善终、成功的情况；就是说社会机制就要去鼓励好义、善行，就要去兴发社会好义、善行。而这些都需要社会有知识、有德品才能去设计、管理。未有府库财，非其财者也。就是说社会不能有府库中存财富，却不是其合理的社会财富收入的情况；就是说社会财富的获得、收入分配必须是合情合理的，必须是社会大众能协和的、接受的。这些也需要社会有知识、有德品，才能处理得好、管理得好。此章第四段话，古人说："畜马乘，不察于鸡豚；伐冰之家，不畜牛羊；百乘之家，不畜聚敛之臣。与其有聚敛之臣，宁可有盗臣。"此段古人也是从社会运行、运作机制上，主要是经济管理上来阐释人类知识、德品的重要性。前两句古人主要是说，社会就要分工合作，各负其责，社会各个行业都要尽到社会各个行业自己的职责。而后几句则是继前两句来强调百乘之家（社会大型集团）的责任，就是不能养聚敛之臣，不能允许有聚敛之臣的出现。古人接着说，与其有聚敛之臣，宁可有盗臣。就是说宁可有盗臣的出现，也不能允许有聚敛之臣的出现。聚敛就是指无节制地搜刮民财，现在讲就是指不顾社会民众的利益大肆剥削社会、剥削民众，大肆敛财，聚财于己身。当然，这个问题就是没有社会责任，没有仁思想、仁德品的问题。古人在这里则是特别强调百乘之家的社会责任。我们都知道，百乘之家，现代也叫大型企业集团，是很容易垄断社会财富的。这一点，古人当时已经看到了。但古人还认为，不管是多大的社会集团、企业集团，都是人类社会的一员，都必须要具有仁思想、仁德品，都必须要具有社会责任，越大的集团越要具有社会责任。最后，古人说："这就是说，国家及其国民的行为不能仅以利益为利益，而是首先以义（以为整个社会国家作为求利）为利益、为追求，才是正确的。"而这些都需要国家、国民都要具有人类社会仁思想、仁行为。所以，社会国家也就要开办大学。其实，此章古人也是从国家治理的高度上来总结了办大学的必要性和重要性。此章，也可以让我们看到，中国先秦时代，不管是社会经济还是思想水平都是有相当先进性的。

《大学》与现代社会和现代大学教育的关系

《大学》此章，古人主要是讲了人类社会正确运行、运作机制的建立与人的知识、德品的关系。这对于我们现代社会的运行运作机制的建立应该说是有借鉴意义的，它可以给我们提供一些人类社会运行运作机制方面的历史根据、历史根源。对我们现代大学教育的内容，也应该是有借鉴意义的。

第二十八章

【原文】

zhǎng guó jiā ér wù cái yòng zhě bì zì xiǎo rén
长国家而务财用者，必自小人
yǐ bǐ wéi shàn zhī xiǎo rén zhī shǐ wéi guó jiā
矣。彼为善之。小人之使为国家，
zāi hài bìng zhì suī yǒu shàn zhě yì wú rú zhī hé
菑害并至。虽有善者，亦无如之何
yǐ cǐ wèi guó bù yǐ lì wéi lì yǐ yì wéi
矣！此谓，国不以利为利，以义为
lì yě
利也。

【译文】

在国家机构为官而用作发财者，必出自小人的思想、德品。在国家机构为官是为善的事情，是为了整个国家能够合作、合和、健康运行、发展、进步，为了全体人民幸福生存。用小人来管理国家，对国家有害的事情就会一并而至。虽然说这其中也可能会出现一些局部善行的行为，但这种局部的善行也不会达到为整个社会、国家为善的目的啊！这也是说，国家及其国民的行为不能仅以利益为利益，而要首先以义（以为整个社会国家作为求利）为利益、为追求，才是正确的。

【注释】

长国家：指掌握国家权利者，为官者。长，现在认为一般指官长，是一个名词，但在这里却是一个动词。其实，很多古代词都是名词、动词兼用，它所指的是一种时空。

彼：这里的彼，可理解为：这件事。

【评析】

此章古人则是继前一章继续阐释或说总结了，国家及其国民的行为不能仅以利益为利益，而要以义（以为整个社会国家作为求利）为利益、为追求，才是正确的。也是以此来说明，国民或说人民就要修身、修德，国家就要开办大学。

至此，我们会看到，此《大学》一书，古人从第一章开始，从大学教育的目的、目标入手，一直讲到人类识知的特点，讲到整个人类社会的运行运作，讲到此最后一章，可以说对人类社会的大学教育作了一个全面的阐释。至此，中国古代《大学》一书就收章了。《大学》共28章。我们现在看来，中国2000多年前的《大学》一书，章章精彩，气势磅礴。我们不禁要问，这是一个什么样的时代呢？这是一个什么样的中华古代文化呢？看来，还真值得我们去重视去探讨了。

《大学》与现代社会和现代大学教育的关系

《大学》最后几章，古人都是从君子的角度来论述的，都是从整个人类社会的角度、国家治理的角度来论述的。我们在前面也谈到，其实大学与政治从来都没有分开过，从来都是不能分开的。大学教育很大一部分内容可以说就是为政治服务的，就是为整个人类社会的健康运行、发展进步、人类社会人民的幸福生存服务的。所以，大学是不能离开政治的，也是不能离开人类社会的。大学仅重视自然科学、技术是不够的。

《大学》原文

第一章

dà xué zhī dào, zài míng míng dé; zài qīn mín;
大学之道，在明明德；在亲民；
zài zhǐ yú zhì shàn
在止于至善。

第二章

zhī zhǐ, ér hòu yǒu dìng; dìng, ér hòu néng
知止，而后有定；定，而后能
jìng; jìng, ér hòu néng ān; ān, ér hòu néng lǜ;
静；静，而后能安；安，而后能虑；
lǜ, ér hòu néng dé
虑，而后能得。

第三章

wù yǒu běn mò, shì yǒu zhōng shǐ. zhī suǒ xiān
物有本末，事有终始。知所先
hòu, zé jìn dào yǐ
后，则近道矣。

第四章

gǔ zhī yù míng míng dé yú tiān xià zhě xiān
古之，欲明明德于天下者，先
zhì qí guó yù zhì qí guó zhě xiān qí qí jiā yù
治其国；欲治其国者，先齐其家；欲
qí qí jiā zhě xiān xiū qí shēn yù xiū qí shēn zhě
齐其家者，先修其身；欲修其身者，
xiān zhèng qí xīn yù zhèng qí xīn zhě xiān chéng qí
先正其心；欲正其心者，先诚其
yì yù chéng qí yì zhě xiān zhì qí zhī zhì
意；欲诚其意者，先致其知；致
zhī zài gé wù
知，在格物。

第五章

wù gé ér hòu zhī zhì zhī zhì ér hòu yì
物格，而后知至；知至，而后意
chéng yì chéng ér hòu xīn zhèng xīn zhèng ér
诚；意诚，而后心正；心正，而
hòu shēn xiū shēn xiū ér hòu jiā qí jiā qí
后身修；身修，而后家齐；家齐，
ér hòu guó zhì guó zhì ér hòu tiān xià píng
而后国治；国治，而后天下平。

第六章

zì tiān zǐ yǐ zhì yú shù rén yī shì yǐ xiū
自天子，以至于庶人，壹是以修

shēn wéi běn qí běn luàn ér mò zhì zhě fǒu yǐ
身为本。其本乱，而末治者，否矣。
qí suǒ hòu zhě bó ér qí suǒ bó zhě hòu wèi zhī
其所厚者薄，而其所薄者厚，未之
yǒu yě
有也。

第七章

kāng gào yuē kè míng dé dà
《康诰》曰：“克明德。”《大
jiǎ yuē gù shì tiān zhī míng mìng dì diǎn
甲》曰：“顾諟天之明命。”《帝典》
yuē kè míng jùn dé jiē zì míng yě
曰：“克明，俊德。”皆：自明也。

第八章

tāng zhī pán míng yuē gǒu rì xīn rì
汤之《盘铭》曰：“苟日新，日
rì xīn yòu rì xīn kāng gào yuē zuò xīn
日新，又日新。”《康诰》曰：“作新
mín shī yuē zhōu suī jiù bāng qí mìng
民。”《诗》曰：“周虽旧邦，其命
wéi xīn shì gù jūn zǐ wú suǒ bú yòng qí jí
维新。”是故，君子无所不用其极。

第九章

shī yún bāng jī qiān lǐ wéi mín suǒ
《诗》云："邦畿千里，维民所
zhǐ shī yún mín mán huáng niǎo zhǐ yú
止。"《诗》云："缗蛮黄鸟，止于
qiū yú zǐ yuē yú zhǐ zhī qí suǒ zhǐ
丘隅。"子曰："于止，知其所止，
kě yǐ rén ér bù rú niǎo hū shī
可以。人，而不如鸟乎？"《诗》
yún mù mù wén wáng yú jī xī jìng zhǐ wéi
云："穆穆文王，於缉熙敬止。"为
rén jūn zhǐ yú rén wéi rén chén zhǐ yú jìng wéi
人君，止于仁；为人臣，止于敬；为
rén zǐ zhǐ yú xiào wéi rén fù zhǐ yú cí yǔ
人子，止于孝；为人父，止于慈；与
guó rén jiāo zhǐ yú xìn
国人交，止于信。

第十章

shī yún zhān bǐ qí ào lù zhú yī
《诗》云："瞻彼淇澳！菉竹猗
yī yǒu fěi jūn zǐ rú qiē rú cuō rú zhuó
猗。有斐君子，如切、如磋、如琢、
rú mó sè xī xiàn xī hè xī xuān xī
如磨。瑟兮！僩兮！赫兮！喧兮！
yǒu fěi jūn zǐ zhōng bù kě xuān xī rú qiē rú
有斐君子终不可諠兮！"如切、如
cuō zhě dào xué yě rú zhuó rú mó zhě zì xiū
磋者，道学也。如琢、如磨者，自修

yě sè xī xiàn xī zhě xún lì yě hè xī
也。瑟兮、僩兮者，恂栗也。赫兮、
xuān xī zhě wēi yí yě yǒu fěi jūn zǐ zhōng bù
喧兮者，威仪也。有斐君子，终不
kě xuān xī zhě dào shèng dé zhì shàn mín zhī bù
可諠兮者？道盛，德至善。民之不
néngwàng yě
能忘也！

第十一章

shī yún yú hū qián wáng bú wàng
《诗》云：“於乎！前王不忘。”
jūn zǐ xián qí xián ér qīn qí qīn xiǎo rén
君子，贤其贤，而亲其亲；小人，
lè qí lè ér lì qí lì cǐ yǐ mò shì bú
乐其乐，而利其利。此，以没世不
wàng yě
忘也！

第十二章

zǐ yuē tīng sòng wú yóu rén yě bì yě
子曰：“听讼，吾犹人也。必也
shǐ wú sòng hū wú qíng zhě bù dé jìn qí cí
使无讼乎？”无情者，不得尽其辞。
dà wèi mín zhì cǐ wèi zhī běn zhī běn cǐ wèi zhī
大畏民志。此谓知本。知本，此谓知
zhī zhì yě
之至也！

第十三章

suǒ wèi chéng qí yì zhě wú zì qī yě rú
所谓诚其意者，毋自欺也。如
wù è chòu rú hào hào sè cǐ zhī wèi zì qiān
恶恶臭，如好好色。此之谓自谦。
gù jūn zǐ bì shèn qí dú yě xiǎo rén xián jū
故，君子必慎其独也。小人，闲居
wéi bú shàn wú suǒ bú zhì jiàn jūn zǐ ér hòu yàn
为不善，无所不至；见君子而后厌
rán yǎn qí bú shàn ér zhù qí shàn rén zhī shì
然，掩其不善；而著其善，人之视
jǐ rú jiàn qí fèi gān rán zé hé yì yǐ cǐ
己，如见其肺肝然；则何益矣？此
wèi chéng yú zhōng xíng yú wài gù jūn zǐ bì
谓，诚于中，形于外。故，君子必
shèn qí dú yě zēng zǐ yuē shí mù suǒ shì shí
慎其独也。曾子曰：“十目所视、十
shǒu suǒ zhǐ qí yán hū fù rùn wū dé rùn shēn
手所指，其严乎？”富润屋；德润身。
xīn guǎng tǐ pàng gù jūn zǐ bì chéng qí yì
心广，体胖。故，君子必诚其意。

第十四章

suǒ wèi xiū shēn zài zhèng qí xīn zhě shēn yǒu
所谓修身，在正其心者，身有
suǒ fèn zhì zé bù dé qí zhèng yǒu suǒ kǒng jù
所忿懥，则不得其正；有所恐惧，

zé bù dé qí zhèng yǒu suǒ hào lè zé bù dé qí
则不得其正；有所好乐，则不得其
zhèng yǒu suǒ yōu huàn zé bù dé qí zhèng xīn bú
正；有所忧患，则不得其正。心不
zài yān shì ér bú jiàn tīng ér bù wén shí ér bù
在焉，视而不见、听而不闻、食而不
zhī qí wèi cǐ wèi xiū shēn zài zhèng qí xīn
知其味。此谓，修身在正其心。

第十五章

suǒ wèi qí qí jiā zài xiū qí shēn zhě rén zhī
所谓齐其家，在修其身者，人之
suǒ yǐ qīn ài ér pì yān zhī suǒ yǐ jiàn è ér
所以亲爱，而辟焉？之所以贱恶，而
pì yān zhī suǒ yǐ jìng wèi ér pì yān zhī suǒ yǐ
辟焉？之所以敬畏，而辟焉？之所以
āi jīn ér pì yān zhī suǒ yǐ ào duò ér pì
哀矜，而辟焉？之所以敖惰，而辟
yān gù hào ér zhī qí è è ér zhī qí měi
焉？故，好而知其恶，恶而知其美
zhě tiān xià xiān yǐ gù yàn yǒu zhī yuē rén
者，天下鲜矣。故，谚有之曰：“人
mò zhī qí zǐ zhī è mò zhī qí miáo zhī shuò cǐ
莫知其子之恶，莫知其苗之硕。”此
wèi shēn bù xiū bù kě yǐ qí qí jiā
谓，身不修，不可以齐其家。

第十六章

suǒ wèi zhì guó bì xiān qí qí jiā zhě qí
所谓治国，必先齐其家者，其
jiā bù kě jiào ér néng jiào guó rén zhě wú zhī gù
家不可教而能教国人者，无之。故，
jūn zǐ bù chū jiā ér chéng jiào yú guó xiào zhě
君子不出家，而成教于国。孝者，
suǒ yǐ shì jūn yě tì zhě suǒ yǐ shì zhǎng yě
所以事君也；悌者，所以事长也；
cí zhě suǒ yǐ shǐ zhòng yě
慈者，所以使众也。

第十七章

kāng gào yuē rú bǎo chì zǐ xīn
《康诰》曰："如保赤子。"心
chéng qiú zhī suī bú zhòng bù yuǎn yǐ wèi yǒu xué
诚求之，虽不中，不远矣。未有学
yǎng zǐ ér hòu jià zhě yě
养子，而后嫁者也。

第十八章

yì jiā rén yì guó xīng rén yì jiā ràng yì
一家仁，一国兴仁；一家让，一
guó xīng ràng yì rén tān lì yì guó zuò luàn qí jī
国兴让；一人贪戾，一国作乱。其机
rú cǐ cǐ wèi yì yán fèn shì yì rén dìng guó
如此。此谓：一言偾事，一人定国。

yáo shùn shuài tiān xià yǐ rén ér mín cóng zhī
尧、舜帅天下以仁，而民从之。
jié zhòu shuài tiān xià yǐ bào ér mín cóng zhī qí
桀、纣帅天下以暴，而民从之；其
suǒ lìng fǎn qí suǒ hào ér mín bù cóng shì gù
所令，反其所好，而民不从。是故，
jūn zǐ yǒu zhū jǐ ér hòu qiú zhū rén wú zhū
君子，有诸己，而后求诸人。无诸
jǐ ér hòu fēi zhū rén suǒ cáng hū shēn bú shù
己，而后非诸人。所藏乎身，不恕，
ér néng yù zhū rén zhě wèi zhī yǒu yě gù zhì
而能喻诸人者，未之有也。故，治
guó zài qí qí jiā
国在齐其家。

第十九章

shī yún táo zhī yāo yāo qí yè zhēn
《诗》云：“桃之夭夭，其叶蓁
zhēn zhī zǐ yú guī yí qí jiā rén yí qí jiā
蓁。之子于归，宜其家人。”宜其家
rén ér hòu kě yǐ jiào guó rén shī yún yí
人，而后可以教国人。《诗》云：“宜
xiōng yí dì yí xiōng yí dì ér hòu kě yǐ jiào
兄宜弟。”宜兄宜弟，而后可以教
guó rén shī yún qí yí bú tè zhèng
国人。《诗》云：“其仪，不忒；正
shì sì guó qí wéi fù zǐ xiōng dì zú fǎ ér hòu
是四国。”其为父子兄弟足法，而后
mín fǎ zhī yě cǐ wèi zhì guó zài qí qí jiā
民法之也。此谓，治国在齐其家。

第二十章

suǒ wèi píng tiān xià zài zhì qí guó zhě shàng
所谓平天下，在治其国者，上

lǎo lǎo ér mín xīng xiào shàng zhǎng zhǎng ér mín
老老，而民兴孝；上长长，而民

xīng dì shàng xù gū ér mín bú bèi shì yǐ
兴弟；上恤孤，而民不倍。是以，

jūn zǐ yǒu jié jǔ zhī dào yě
君子有絜矩之道也。

第二十一章

suǒ è yú shàng wú yǐ shǐ xià suǒ è yú
所恶于上，毋以使下；所恶于

xià wú yǐ shì shàng suǒ è yú qián wú yǐ xiān
下，毋以事上；所恶于前，毋以先

hòu suǒ è yú hòu wú yǐ cóng qián suǒ è yú
后；所恶于后，毋以从前；所恶于

yòu wú yǐ jiāo yú zuǒ suǒ è yú zuǒ wú yǐ jiāo
右，毋以交于左；所恶于左，毋以交

yú yòu cǐ zhī wèi jié jǔ zhī dào
于右。此之谓，絜矩之道。

第二十二章

shī yún lè zhī jūn zǐ mín zhī fù
《诗》云：“乐只君子，民之父

mǔ mín zhī suǒ hào hào zhī mín zhī suǒ wù
母。”民之所好，好之；民之所恶，

wù zhī cǐ zhī wèi mín zhī fù mǔ shī yún
恶之。此之谓民之父母。《诗》云：

jié bǐ nán shān wéi shí yán yán hè hè shī yǐn
“节彼南山，维石岩岩；赫赫师尹，

mín jù ěr zhān yǒu guó zhě bù kě yǐ bú shèn
民具尔瞻。”有国者，不可以不慎，

pì zé wéi tiān xià lù yǐ shī yún yīn zhī
辟，则为天下僇矣。《诗》云：“殷之

wèi sàng shī kè pèi shàng dì yí jiān yú yīn jùn
未丧师；克配上帝。仪监于殷；峻

mìng bú yì dào dé zhòng zé dé guó shī zhòng
命不易。”道得众，则得国；失众，

zé shī guó
则失国。

第二十三章

shì gù jūn zǐ xiān shèn hū dé yǒu dé cǐ
是故，君子先慎乎德。有德，此

yǒu rén yǒu rén cǐ yǒu tǔ yǒu tǔ cǐ yǒu
有人；有人，此有土；有土，此有

cái yǒu cái cǐ yǒu yòng dé zhě běn yě cái zhě
财；有财，此有用。德者本也，财者

mò yě wài běn nèi mò zhēng mín shī duó shì gù
末也。外本内末，争民施夺。是故，

cái jù zé mín sàn cái sàn zé mín jù shì
财聚，则民散；财散，则民聚。是

gù yán bèi ér chū zhě yì bèi ér rù huò bèi ér
故，言悖而出者，亦悖而入；货悖而

chū zhě yì bèi ér rù
出者，亦悖而入。

第二十四章

kāng gào yuē wéi mìng bù yú cháng
《康诰》曰："惟命不于常。"

dào shàn zé dé zhī bú shàn zé shī zhī yǐ
道善，则得之；不善，则失之矣。

chǔ shū yuē chǔ guó wú yǐ wéi bǎo wéi shàn
《楚书》曰："楚国无以为宝，惟善

yǐ wéi bǎo jiù fàn yuē wáng rén yǐ wéi bǎo
以为宝。"舅犯曰："亡人以为宝，

rén qīn yǐ wéi bǎo
仁亲以为宝。"

第二十五章

qín shì yuē ruò yǒu yí jiè chén duàn
《秦誓》曰："若有一介臣，断

duàn xī wú tā jì qí xīn xiū xiū yān qí rú yǒu
断兮无他技，其心休休焉？其如有

róng yān rén zhī yǒu jì ruò jǐ yǒu zhī rén zhī
容焉？人之有技，若己有之；人之

yàn shèng qí xīn hào zhī bú chì ruò zì qí kǒu chū
彦圣，其心好之；不啻若自其口出，

shí néng róng zhī yǐ néng bǎo wǒ zǐ sūn lí mín shàng
寔能容之；以能保我子孙黎民；尚

yì yǒu lì zāi rén zhī yǒu jì mào jí yǐ wù
亦有利哉！人之有技，冒疾，以恶

zhī rén zhī yàn shèng ér wéi zhī bǐ bù tōng
之；人之彦圣，而违之，俾不通；

shí bù néng róng yǐ bù néng bǎo wǒ zǐ sūn lí mín
寔不能容；以不能保我子孙黎民；

yì yuē dài zāi wéi rén rén fàng liú zhī bèng zhū sì
亦曰殆哉！唯仁人放流之，迸诸四
yí bù yǔ tóng zhōng guó cǐ wèi wéi rén rén
夷，不与同中国。”此谓，唯仁人，
wéi néng ài rén néng wù rén
为能爱人，能恶人。

第二十六章

jiàn xián ér bù néng jǔ jǔ ér bù néng xiān
见贤而不能举，举而不能先；
mìng yě jiàn bú shàn ér bù néng tuì tuì ér bù néng
命也！见不善而不能退，退而不能
yuǎn guò yě hào rén zhī suǒ wù wù rén zhī suǒ
远；过也！好人之所恶，恶人之所
hào shì wèi fú rén zhī xìng zāi bì dǎi fū shēn shì
好；是谓拂人之性，菑必逮夫身。是
gù jūn zǐ yǒu dà dào bì zhōng xìn yǐ dé zhī
故，君子有大道；必忠信以得之；
jiāo tài yǐ shī zhī
骄泰以失之。

第二十七章

shēng cái yǒu dà dào shēng zhī zhě zhòng shí zhī
生财有大道：生之者众，食之
zhě guǎ wéi zhī zhě jí yòng zhī zhě shū zé cái
者寡；为之者疾，用之者舒；则财
héng zú yǐ rén zhě yǐ cái fā shēn bù rén zhě
恒足矣。仁者，以财发身；不仁者，

yǐ shēn fā cái wèi yǒu shàng hào rén ér xià bú hào
以身发财。未有上好仁，而下不好

yì zhě yě wèi yǒu hào yì qí shì bù zhōng zhě yě
义者也；未有好义，其事不终者也；

wèi yǒu fǔ kù cái fēi qí cái zhě yě mèng xiàn zǐ
未有府库财，非其财者也。孟献子

yuē xù mǎ shèng bù chá yú jī tún fá bīng zhī
曰：“畜马乘，不察于鸡豚；伐冰之

jiā bú xù niú yáng bǎi shèng zhī jiā bú xù jù
家，不畜牛羊；百乘之家，不畜聚

liǎn zhī chén yǔ qí yǒu jù liǎn zhī chén níng yǒu dào
敛之臣。与其有聚敛之臣，宁有盗

chén cǐ wèi guó bù yǐ lì wéi lì yǐ yì wéi
臣。”此谓，国不以利为利，以义为

lì yě
利也。

第二十八章

zhǎng guó jiā ér wù cái yòng zhě bì zì xiǎo rén
长国家而务财用者，必自小人

yǐ bǐ wéi shàn zhī xiǎo rén zhī shǐ wéi guó jiā
矣。彼为善之。小人之使为国家，

zāi hài bìng zhì suī yǒu shàn zhě yì wú rú zhī hé
菑害并至。虽有善者，亦无如之何

yǐ cǐ wèi guó bù yǐ lì wéi lì yǐ yì wéi
矣！此谓，国不以利为利，以义为

lì yě
利也。

《大学》译文

第一章

大学的道路、道法，就在于使人能够明白，明确、正确的德；就在于使人能够亲近人民；就在于使人的行动、行为能够止于对自然时空、人类社会的正确认知，以达到与自然时空、人类社会至善（合作、和谐、友好、共赢）的生存。

第二章

人的行动知道止，而后才能有稳定；有稳定，而后才能静下来；静下来，而后才能心安；心安，而后才能有思虑；有思虑，而后才能得到人生知识。

第三章

物有本有末，事有终有始（所有事物，都是一种时空运行状态、过程，都是在不断运动、进化着）。如果能知道这个事物的先后状态、过程，也就会接近这个事物，也包括人自身的正确道路了（也就能找到他们的正确轨迹、道路、运行规律了）。

第四章

自古以来，人们欲想使人明白获得正确的德这一人类事业推行于天下（人类社会），就要先立治、治理他的国家；欲想立治、治理他的国家，就要先要使他的家庭、家族、某集体齐于正确；欲想使他的家庭、家族、某集体齐于正确，就要先修一个人自身（这个个体、单体、身体）的正确德品；欲想修一个人自身（这个个体、单体、身体）的正确德品，就要先正一个人的心、思想；欲想正一个人的心、思想，就要先诚实一个人的人生意向、意愿；欲想诚实一个人的人生意向、意愿，就要先作为、获得知识；作为、获得知识，就在于分析、分辨事物。

第五章

事物分析、分辨明白了，而后人的知识就能获得了；人的知识获得了，而后人生意向、意愿就会真诚了；人生意向、意愿真诚了，而后人的心、思想就会正确了；人的心、思想正确了，而后人自身（这个个体、单体、身体）的正确德品就能得到修养了；人自身（这个个体、单体、身体）的正确德品得到修养了，而后家庭、家族、集体就能齐于正确了；家庭、家族、集体齐于正确了，而后国家就能治理了；国家治理了，而后天下、人类社会就能太平安康了（天下、人类社会，就能太平、安康地生存、发展、进步了）。

第六章

自天子，以至于普通人（每一个单体人），首先都要以修身（修人自身这个个体、单体、身体的正确德品）为根本。其事物根本乱，而末端得到治理者，这是可以否定的。其所应该厚重者薄为，而其所薄为者却厚重了，没有这样的事。

第七章

《康诰》说："人类就要努力去作为开明和明确、正确的德。"《大甲》说："人类就要看到、重视、珍视天地宇宙赋予人类的这种有知、明白生命特性。"《帝典》说："努力去作为开明，开辟、完善人类的正确德品。"这些话都是在强调：人类就要自主开明。

第八章

汤之《盘铭》说："每一个朴素的人都要日新，要日日新，又日新（每一个人、每一个国民，每天都要有新变化，每天都要有新认知，每天都要有新德品）。"《康诰》说："要做新民。"《诗经》中说："周虽然是旧邦（老邦国），但其命运也离不开革新。"这就是为什么，君子们在这方面无所不用其极，无不都在想各种办法努力识知、认知、学习、修德、修身。

第九章

《诗经》中讲到："邦国管理千里的人民，其目的就是要让人民不要乱为，都要止于正确作为。"《诗经》中讲到："缗蛮的黄鸟，也知道止于丘隅。"孔子说："人到该止的时候，就要知道在哪里止，这样才可以。人在这方面，难道还不如鸟吗？"《诗经》中讲到："伟大的文王，在关乎人类生存的大事面前难于把握，也要敬畏知止。"作为人类君子，就要止于仁；作为人类臣子，就要止于敬；作为人类子女，就要止于孝；作为人类父亲，就要止于慈；与国人交往，就要止于信。

第十章

《诗经》中讲到："观察那淇河弯曲的地方啊！菉草和苇竹都在静静地猗猗着，互相合作依偎着生长。有追求、求上进的君子，追求人类学问、追求人类知识、修养人类德品，就要如切、如磋、如琢、如磨，就要与前辈、他人、大家不断地切磋、不断地琢磨。像弹瑟一样认真啊！要看到人的有限啊！一旦有了认知成果，就要展现啊！宣讲啊！有追求、求上进的君子始终不要宣布认知停止啊！"如切、如磋这句话，形容的就是让人进入道学（进入人类共同探讨自然、人类社会这个大系统认知学问里）。如琢、如磨这句话，形容的就是让人进入自修养（进入自己、自觉、主动自我修养）。像弹瑟一样认真，要看到人的有限这句话，就是说人要谦虚谨慎。一旦有了认知成果就要展现、宣讲这句话，就是说人要实行、展示、推行人类知识的威仪。有追求、求上进的君子，为什么说始终不要宣布认知停止呢？人类的认知、文化之道盛行，人类的正确德品、事业才能达到至善（才能达到与自然、人类社会，合作、和谐、友好、共赢地生存）。所有的人们是不能忘记的！

第十一章

《诗经》中讲到："关于做人的识知、德品问题啊！一般前王在选拔后王的时候都不会忘记。"是君子，就会努力去做贤人，而会去努力亲近人民；是小人，就会去乐行其乐，而会去追求个人私利、小利。人的识知、德品问题，作为每一个人，以至整个社会，始终都不能忘记啊！

第十二章

孔子说："我们每听到人类社会的各种争讼、矛盾，我们都会忧心忡忡。我们人类的作为，必定要努力使我们这个人类社会无争讼、无矛盾，不是吗？"对人类社会无情者，不会去说这些话。我们应该大畏的是民志（大畏惧的是人民的生存目标、人生方向、人生选择是什么）。此就是说知道人的根本了。知本，这就是说知达到根本处了，达到关键处了！

第十三章

所说人的识知、修德、做人过程，就要诚实其意向、意愿者，就是说做人不能自欺。如厌恶恶臭，如喜好特别喜好的事物那样，就要真诚、真实、诚实。

这就是说人类做人就要自谦，就要实实在在、谦虚谨慎，不能弄虚作假。所以，君子必须要慎重对待其有限的主观思想，避免一意孤行。小人求知生存，闲懒为不善，无所不为，乱行乱为；见到君子的行为而后厌恶自己的不足，便掩盖其不善；而铸就作为人类社会其善（合作、共赢、生存），人们视看每一个人就像视看到其肺和肝一样，其实看得很清楚；这样，对于做人又有什么益处呢？这就是说，诚意在人的身体中，形必然表露在外，想掩饰是掩饰不了的。所以，君子必须要慎重对待其有限的主观思想，避免一意孤行。曾子说："人类社会十目看着你、十手指着你，你就得严格要求自己，不严行吗？"财富能够润屋；人德能够润身。人的心、思想广大了，整个身体自然健康。所以，君子做人，格物、致知，也包括正心、修身，必须要诚实其意向、意愿，必须要实实在在地去做。

第十四章

所说修身（修人自身这个个体、单体、身体的正确德品），就在于正其心、正其思想者，一个人在社会中，也包括在自然时空中，有所分心、孤僻、傲慢，则就是因为其心、思想不得其中正、正确；有所恐惧，则就是因为其心、思想不得其中正、正确；有所喜好行乐，则就是因为其心、思想不得其中正、正确；有所忧患，则就是因为其心、思想不得其中正、正确。如果一个人其心、思想，不在人正确的思想状态上的话，就会对修身之事视而不见、听而不闻、食而不知其味。这就是说，修身在正其心。

第十五章

所说让家庭、家族、某集体齐于正确，就在于修人自身这个个体、单体、身体的正确思想、行为、作为者，人类之所以亲爱，不就是因为有人去开辟正确、践行吗？之所以鄙视恶行，不就是因为有人去开辟正确、践行吗？之所以敬畏，不就是因为有人去开辟正确、践行吗？之所以忧虑、关注社会现实矛盾，不就是因为有人去开辟正确、践行吗？之所以蔑视懒惰，不就是因为有人去开辟正确、践行吗？（一个人在社会中做得好，其他人都会在看，都会受到感染，都会去学习、实践、践行人类社会正确人生。）所以，一个人身心放纵，目无一切，只顾个人所好，不去关注社会他人都在干什么，而能知道什么是恶行，恶行而能知道什么是美者，天下是很少的。所以，谚语中就有这样的话说："人不要说不知其子的恶行，不要说不知其苗的茁壮（这些都是人自身行为、作为，人生践行的结果）。"这就是说，人自身（这个个体、单体、身体）的思想行为作为、德品不修养，就不可以使家庭、家族、某集体齐于正确。

第十六章

所说治理国家，就必须先要使家庭、家族、某集体齐于正确者，其家庭、家族、某集体不能教导之而能教导国人，这种事是没有的（起码能教导家，然后才能谈教导国，教导家与教导国也有同理之处，小家也是国家的组成部分）。所以，君子不出家门做事，把家庭、家族、某集体教导好了、治理好了，齐于正确了，而就可以说能成就教导国了。有孝道的人，所以说就能共事于上君；有悌谦听从之心的人，所以说就能共事于长上；有慈爱大爱担当的人，所以说就能指挥众人。

第十七章

《康诰》说："这就像母亲保育幼子一样。"人类做事，包括齐家、治国，如果能心诚追求之，虽然说可能达不到预期效果，但是离目标就不会远了（就会越来越近了）。没有学做一个好母亲，决定保育幼子，认识到保育幼子是正确的，而后嫁人的。

第十八章

一个家、一个集体仁，一国就可能兴仁；一个家、一个集体让，一国就可能兴让；一个人，特别是一个重要的人贪戾，一国就可能作乱。其机理就在这里。此也可以说明这种说法的道理：一言就可以使事情成功，一个英雄人物就可以定国。尧和舜帅领天下社会以行仁，而民众从学之。桀和纣帅领天下社会以行暴，而民众从学之；而对其命令，反其所好，而民众不听从。这就是为什么说，君子们就要首先要求自己在社会中做得好，而后才能要求民众。如果不能要求自己，而后就无法要求民众。君子们如果做人有所隐藏，不诚实，不能将心比心，不能以一个君子的高知、高德去理解恕让别人，不能实实在在地首先走在社会前列，而能说服、要求民众者，没有这样的事。所以，治国就在于先要使家庭、家族、某集体齐于正确（先要使一部分人正确起来，然后引领带动全体国民）。

第十九章

《诗经》中讲到："桃花盛开，其叶蓁蓁。家乡之子在外面学到了知识，春天回到了家乡，就可以教宜于家乡人了。"教宜于家乡人，而后才可以教国人。《诗经》中讲到："一个人有知识，有正确生存方式、方法就要教宜于兄弟（姐妹）。"教宜于兄弟（姐妹），而后才可以教国人。《诗经》中讲到："行人类文化交流礼仪，也包括行教礼仪，不要心中忐忑不安；人毕竟要正视周边四国的存在，毕竟要看到人类社会的发展进步。"其作为父子、兄弟，有足够的正确做人方式、方法，而后就可以用这些正确的方式、方法使民众去正确生存做事了。这也是说，治国在齐其家（在于先将某家庭、某家族、某集体齐于正确）。

第二十章

所说平天下（使人类社会走向和谐，走向和平，走向美好生存），就在于治理其国家者，人类社会上层社会的人做事老诚、老道、正确，而民众就能兴孝（就能孝学、承接人类知识、人类正确作为、人类文化）；人类社会上层社会的人有担当、有引领、正确作为，而民众就能兴弟（就能传递、延续人类知识、人类正确作为、人类文化，同时也能听从上级指挥管理）；人类社会上层社会的人体恤、关心孤独者，而民众就不会放荡不羁。所以说，人类上层社会先进先行君子有斩除自然、社会乱象，制定人类正确规矩，引领人类正确规矩之道路、之责任。

第二十一章

人类社会如果恶行于上，就无以指挥下；人类社会如果恶行于下，就无以听从事奉上；人类社会如果恶行于前，就无以谈先后；人类社会如果恶行于后，就无以向前；人类社会如果恶行于右，就无以交流合作于左；人类社会如果恶行于左，就无以交流合作于右。这就是说，人类就要具有这种斩乱象，制定人类正确规矩之道路、之道法、之作为。

第二十二章

《诗经》中讲到：“一个乐于做君子的人，就好像民之父母。”民之主体所喜好的，就要喜好之；民之主体所厌恶的，就要厌恶之（一切都要从人民的共同利益着想）。这就是所说民之父母的由来。《诗经》中讲到：“看那巍峨壮观的南山，一层层岩石坚硬有力；

看那伟大的正义之师（之国家机构），民众都会敬仰、仰慕。”有国家者，不可以不慎重；就要开辟践行，就要为天下（人类社会）走在前列，披荆斩棘。《诗经》中讲到：“殷朝在没有丧师之前，正义作为；配得上是人民心目中的上帝。人类礼仪监督于殷；强有力的生命不是谁想改变就能改变的。”道路、道法得民众拥护支持，正确，就会得国；道路、道法不得民众拥护支持，不正确，就会失国。

第二十三章

这就是为什么说，君子就要首先重视德（德知、德品）。有德，才能有人；有人，才能有田地、有生产；有田地、有生产，才能有社会财富；有社会财富，才能为人类社会所共享、共用。德是人类社会的根本，财是人类社会的枝末。如果把人类社会运行运作规律的根本放在外面，而把枝末放在里面，重末轻本，重财轻德，人类社会就会出现争民施夺；社会民众就会不按照正常、正确社会运行运作规律、规则、秩序去抢去夺，就会乱为，天下就会大乱。这就是为什么说，财富聚集了，则民心就会散了；财富分散了，则民心才会聚集。这就是为什么说，言语违背良心而出者，也会有违背良心的言语而入；货物违背良心而出者，也会有违背良心的货物而入。

第二十四章

《康诰》说："任何生命力，都不是恒常存在的。"人类道路、道法善，追求合作、合和、善行，就会得到生命力；不善，不追求合作、合和，不善行，就会失去生命力了。《楚书》说："楚国没有什么可以为宝的，心中唯有将善行以为宝。"舅犯说："要把人们的生命以为宝，要把人类社会的仁和亲以为宝。"

第二十五章

《秦誓》说："假若有那么一个大臣，知识匮乏，没有做人的知识技能，他的心可以不想事吗？他可以表面有容纳度吗？别人有技能，就像自己有之；别人仰慕圣人，其心赞同；如果有与自己不同观点自其口出，人生思想里面能容纳之；以能保我人类社会子孙黎民；这种多知多德的做人就是对人类社会很有利的做法啊！别人有技能，就会产生人类缺少知识的一种病态的嫉妒心理，以厌恶之；别人仰慕圣人，而违背之，心里想不通；人生思想里面不能容纳之；以不能保我人类社会子孙黎民；这也可以说是对人类社会事业的一种怠慢啊！唯独将仁人放走流失之，进入周边四夷，不能为中国做事。”这就是说，唯有有仁德（有人类社会整体思想、行为）的人，才能去作为大爱人类、爱人类人才，才能去与人类的恶事、恶人（也包括自己的恶思想、恶行为）作斗争。

第二十六章

见到贤人而不能举用，举用而不能让其先行、走在社会前列；这就是我们人类自私、低级本性的局限啊！见到不善的事情而不能退出，退出而不能远离；这就是做人的过错啊！喜好人类主体之所厌恶，厌恶人类主体之所喜好；这就是蔑视、违背人类社会合作本性，不符合人类社会生存总目标、大目标的有害恶势力必然缠绕人类、绑架人身。这就是为什么说，君子人生有大道路、大道法；必要忠信以得大道路、大道法；把骄泰扔掉。

第二十七章

人类社会生财有正确的大道路：要生之者众多，食之者寡少；作为之者要努力追求，用之者要心中舒畅；则社会财富就会永久充足。有仁心者，就会以创造社会财富去兴发社会身份（职位）；没有仁心者，就会以社会身份（职位）去发财。人类社会，不能有上君好仁，而下面不好义的情况；不能有好义，其事情不善终的情况；不能有府库中存财富，而不是其应得财富的情况。孟献子说："养马车的，不管鸡豚之事；伐冰之家，不养牛羊；百乘之家（社会生产经营大型集团），不养聚敛（搜刮、剥削民众）之臣。与其有聚敛（搜刮、剥削民众）之臣，宁可有盗臣。"（社会中每一个人，每一个经营团体，特别是大型经营团体，都要有人类社会职责、责任，都要有人类社会仁思想、仁德品。）这就是说，国家及其国民的行为不能仅以利益为利益，而要首先以义（以为整个社会国家作为求利）为利益、为追求，才是正确的。

第二十八章

在国家机构为官而用作发财者，必出自小人的思想、德品。在国家机构为官是为善的事情，是为了整个国家能够合作、合和、健康运行、发展、进步，全体人民幸福生存。用小人来管理国家，对国家有害的事情就会一并而至。虽然说这其中也可能会出现一些局部善行的行为，但这种局部的善行也不会达到为整个社会、国家为善的目的啊！这也是说，国家及其国民的行为不能仅以利益为利益，而要首先以义（以为整个社会国家作为求利）为利益、为追求，才是正确的。

附录 《大学章句序》（宋）朱熹

《大学》之书，古之大学所以教人之法也。盖自天降生民，则既莫不与之以仁、义、礼、智之性矣。然，其气、质之禀或不能齐；是以，不能皆有以知其性之所有而全之也。一有聪明睿智，能尽其性者出于其间，则天必命之以为亿兆之君师，使之治而教之；以复其性。此伏羲、神农、黄帝、尧、舜。所以，继天，立极；而司徒之职，典、乐之官，所由设也。

三代之隆，其法浸备。然后，王宫、国都以及闾巷莫不有学。人生八岁，则自王公以下，至于庶人之子弟皆入小学；而教之以洒扫、应对、进退之节，礼乐、射御、书数之文。及其十有五年，自天子之元子、众子，以至公卿、大夫、元士之适子，与凡民之俊秀，皆入大学；而教之以穷理，正心、修己、治人之道。此又学校之教，大小之节，所以分也。

夫以学校之设，其广如此。教之之术。其次，第节目之详又如此。而其所以为教，则又皆本之人君躬行心得之余，不待，求之民生日用彝伦之外。是以当世之人无不学。其学焉者，无不有以知其性分之所固有，职分之所当为；而各俯焉，以尽其力。此古昔，盛时所以治隆于上，俗美于下；而非后世之所能及也。

及周之衰，贤圣之君不作，学校之政不修，教化陵夷，风俗颓败。时，则有若孔子之圣，而不得君师之位以行其政教。于是，独取先王之法，诵而传之，以诏后世。若《曲礼》《少仪》《内则》《弟子职》诸篇；固小学之支流。余裔，而此篇者，则因小学之成功，以著大学之明法。外有以极其规模之大，而内有以尽其节、目之详者也。三千之徒，盖莫不闻其说。而曾氏之传独得其宗。于是，作为传义，以发其意。及孟子没，而其传泯焉！则其书虽存，而知者鲜矣。

自是以来，俗儒记诵词章之习，其功倍于小学而无用。异端、虚无寂灭之教，其高过于大学而无实。其他权谋术数，一切以就功名之说。与夫百家众技之流。所以，惑世，诬民，充塞仁义者，又纷然杂出乎其间！使其君子不幸，而不得闻大道之要；其小人不幸，而不得蒙至治之泽。晦盲、否塞，反覆沉痼。以及五季之衰，而坏乱极矣。

天运循环，无往不复。宋德隆盛，治教，休明。

于是，河南程氏两夫子出，而有以接乎孟氏之传。实始尊信此篇；而表章之。既又为之次其简编；发其归趣。然后，古者大学教人之法，圣经贤传之指，粲然复明于世。虽以熹之不敏，亦幸，私淑，而与有闻焉！顾其为书。犹颇放失，是以忘其固陋，采而辑之。间，亦窃，附己意，补其阙略；以俟后之君子。极知，僭逾，无所逃罪。然，于国家化民成俗之意，学者修己治人之方，则未必无小补。云。

淳熙己酉二月甲子，新安朱熹序

【《大学章句序》译文】

《大学》之书，是古代大学所用以对人行教的方法和法则。所有产生于自然当中的国民，则无不要与之以仁、义、礼、智之人之品性。然而，其天生气、质却不能达到这样的要求和标准，或说达到得不同；也就是说，不能都能知其所有品性而达到全面。一旦有聪明睿智之人，能尽知其人之品性者出于其间，则自然必命令之作为自然、人类社会之众现象的君师，使之治理而教化之；以便所有人复之人之品性。此就像：伏羲、神农、黄帝、尧、舜。所以，人类社会继自然之命令，立人之积极主动作为，而司徒之职，典籍、乐序之官（教官、教师），由此而设立。

夏、商、周三代昌明兴隆之时，这种方法得以推行完备。然后，王宫、国都以及闾巷都有学校设立。人到八岁，则自王宫以下，以至于普通人的子弟都进入小学；而教之以劳动、自理生活、应对社会事物、人生进退之节度，社会礼仪礼制、秩序生活、主动作为、防御坏事、书写算数之文化。到了十五岁，则自天子之长子、众子，以及公卿、大夫、元士之适宜子弟，与平民之优秀者，都进入大学；而教之以追求自然社会道理，正人心、修养自己、治人类社会之道法。这又是学校之教育，大学与小学之节段，所以而划分。

先祖以学校之设立，其广大意义就在于此。教之做人之行为、之术法、之技术艺术。其次，接下来各种节目之详尽也是如此。（需要什么，就设教什么。）而其所以为、从事教育，则又都是当时的人之君子之躬行人类之心得、之大的收获，不等待，主动追求民生日用、彝伦（日常生活之用、遵循各种生存规则、理顺各种生存关系）之未知外部世界。是以当世之人无不都在学习。其学习者呢，无不有以知其事物，也包括人，性质之所以固有，职分之所以当为；而各行各业，也包括政府呢，已尽其力。此自古以来，社会昌盛之时，所以治隆于上，俗美于下；而不是后来之世之所能达到的。

到周衰败之时，本为圣贤之君不作为，学校之政不修，教化倒退至陵夷，人民风俗习性颓败。此时，则有比如像孔子这样的先圣，而不得君师之位以行其政教。于是，独取先王之教育之法，咏诵而传教之，以诏引后世子孙来学习。像《曲礼》《少仪》《内则》《弟子职》诸篇；这本来是小学之支流应该学的东西。接下来，而此《大学》篇者，则因小学之成功，以著大学之明法。可以说，外有以极其规模之大，而内有以尽其节、目之详尽啊。三千之徒生，一盖没有不闻听其学说，都得到其学说。而曾氏之传支独得其宗。于是，作为传义之用，以发其意。（形成此篇《大学》，以用以解答大学是干什么的。）到孟子去世，而其传就逐渐泯没了呀！则其书虽然存在，而知其深意者却越来越少了。

自这种情况以来，俗儒仅以记诵词章之习练，其功倍于小学而无用。（学知浅薄，不知其深意。）异端（不正）、虚无寂灭之教育，其（表面形式）高过于大学而无实。其他权谋术数，一切以就虚假功名之说用。与夫（各种）百家众技之流。所以，迷惑人世，诬染民志，充塞仁义者，又纷然杂出其间啊！使其君子不幸，而不得闻听大道之要；使其小人不幸，而不得启蒙有效治理之泽滋。人的思想行为昏暗无知，乱行塞堵，反覆沉痼。（病上加病，恶性循环。）以到五代衰败之时，而人们的思想行为坏乱达到极至。

天地（也包括人类社会）运行循环，无往不复。到宋朝之德隆盛，治教育，休兴明德。于是，河南程氏两位先生出现，而才有传接孟氏之传教这个过程。以实际行动、求实的思想态度开始尊信此《大学》之篇；而公之于众，传述之。而且又为之在保持原篇完整的基础上，进行了一些整理简编；以便让人们读起来更加方便。然后，古代、古人大学教人之法，圣经贤传之指导，才粲然复明于世。（给人们带来了一顿文化大餐。）虽以熹之不聪敏，也是有幸独遇此文化，并使自己进入其中，而与有所知闻啊！然后，便努力学习研读此书。也是有点放失，这也是忘了自己的固陋、半斤八两的学问，而采而辑之。这中间，又借鉴他人增加了一些自己的见解，补其阙略；以有益传世于后之君子。以使人追寻达知，防止越自然、社会之线，不会出现逃罪的现象。然而，对于国家化民成俗（教化人民以正确，成为习惯）之用意，学者修己治人之方法，则也未必能起到多大作用。云山雾罩地说了这么多，就说这些吧。

淳熙己酉二月甲子，新安朱熹序